RAJNEESH
VERLAG

Titel der Originalausgabe:
Words From A Man Of No Words

Übersetzung : Ma Anand Vani
Ma Prem Raje
Satz : Ma Prem Arya
Korrektur : Ma Deva Pratito
Swami Paritosho
Illustrationen: Ma Krishna Gopa
Design : Ma Krishna Gopa
Swami Veet Ateet, M.F.A.
Druck : Mohndruck, Gütersloh

Deutsche Erstausgabe 1989
Rajneesh Verlag GmbH

ISBN 3-925205-33-0

In Liebe und Dankbarkeit
für meinen Meister

Ma Deva Pratito

Shree Rajneesh
ist ein erleuchteter Meister unserer Tage.
Alle vorliegenden Texte sind Auszüge aus
Vorträgen, die spontan an eine Zuhörerschaft
von Tausenden von Suchern aus
der ganzen Welt gerichtet waren.

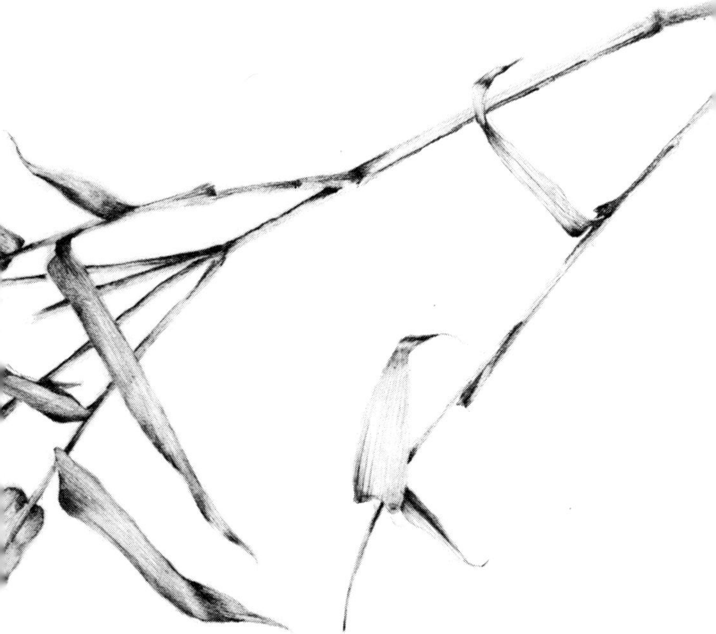

IN LIEBE
FÜR MIRKO,
Mamina ♡

SHREE RAJNEESH

WORTE
EINES MANNES OHNE WORTE

EINLEITUNG

„Es ist ein wenig schwierig für mich, wieder zu sprechen. Es ist immer schwierig gewesen, denn ich habe versucht, das Unsagbare zu sagen. Jetzt ist es umso schwieriger. Nach 1315 Tagen des Schweigens fühlt es sich so an, als ob ich aus einer völlig anderen Welt zu euch komme. Und so ist es auch. Die Welt der Wörter, der Sprache, der Begriffe, und die Welt der Stille sind so grundverschieden voneinander, daß sie sich nirgends treffen...."

Im Oktober 1984 beendete Shree Rajneesh eine fast vierjährige Periode des öffentlichen Schweigens, als er während seiner täglichen Nachmittagsausfahrt den Wagen anhielt, um auf die Frage eines Reporters zu antworten. Er erklärte ihm, daß seine Religion die erste und vielleicht letzte überhaupt sei. Einige Tage später, am 30. Oktober, erschien der Meister vor einer Gruppe von Schülern, die sich im Wohnzimmer seines Hauses versammelt hatten, und erläuterte ihnen, was er mit dieser Aussage gemeint hatte.

„Meine Religion ist die erste Religion, die den Menschen in seiner Gesamtheit, in seiner Natürlichkeit annimmt, die den Menschen als Ganzes akzeptiert, so wie er ist. Und das bedeutet ‚heilig' für mich – nicht etwas

Sakrales, sondern etwas, das in seiner Ganzheit akzeptiert wird.

Ich habe gesagt, daß dies vielleicht die letzte Religion sein wird, einfach deshalb, weil ich euch nichts gegeben habe, das man widerlegen könnte... Ich habe euch nur Methoden gegeben. Methoden kann man ausprobieren oder auch nicht, aber man kann nicht über eine Methode diskutieren. Wenn ihr sie ausprobiert, dann weiß ich, daß ihr Erfolg damit haben werdet. Ich weiß aus eigener Erfahrung, daß es zum Erfolg führt – das steht außer Frage. Wenn ihr es aber nicht ausprobiert, dann habt ihr kein Recht, etwas darüber zu sagen.

Was ich euch gegeben habe ist kein geschlossenes System. Es ist ein offenes Experiment...."

(Die Rajneesh Bibel, Band 1)

In den darauffolgenden Wochen und Monaten legte Shree Rajneesh Stein um Stein die Mauer aus Vorurteilen und Aberglauben frei – unsere Ideen über Gott, über richtig und falsch, Sünde und Tugend, sowie eine Unmenge anderer Ideen, deren Vorhandensein den meisten von uns nicht einmal bewußt ist, die uns aber alle von der authentischen religiösen Erfahrung fernhalten. Sogar diejenigen unter uns, die sich selbst nie als „religiös" betrachtet hatten, machten sich zu einer Entdeckungsreise auf, die uns zeigen sollte, wie tief, durchdringend, subtil und unbewußt die Konditionierung ist, die uns von der Gesellschaft, in der wir leben, auferlegt wird.

In den Händen des Meisters wurde unsere Reise zu einer einzigen Freude, jeder Abend ein Kunstwerk. Seine brillante Logik, intimen Kindheitserinnerungen, köstlichen Anekdoten, das Skalpell des Chirurgen...seine vernichtend einfachen und revolutionären Erkenntisse – all das verwob der Meister mit seinen Gesten, seinen Augen und der Präsenz seiner Stille.

Seit über 35 Jahren widmet Shree Rajneesh sein Leben der Kunst, die Menschen mit Worten zu überzeugen, zu geleiten, zu überreden, aufmerksam zu machen, zu verführen, aufzuwecken, aber auch zu schockieren, damit sie an einen Punkt kommen, von wo sie die Grenzlinie zwischen der Welt der Stille und der Welt der Worte überschreiten können. Mit vielleicht größerem Geschick als alle anderen einzigartigen Menschen, die in der wortlosen Stille zuhause sind, gelingt es diesem Meister, diesen Zustand jenseits der Worte mit Worten anzudeuten und seinen Duft einzufangen.

Die vorliegende Textauswahl stammt aus den Vorträgen der ersten 60 Tage, die Shree Rajneesh in Amerika hielt. Sie sind eine Kostprobe seiner Weisheit, eine Sammlung kostbarer Augenblicke aus einer außergewöhnlichen, historisch bedeutsamen Zeit.

Ma Deva Sarito
Poona, 1989

Wenn der Verstand weiß,
nennt man es Wissen.
Wenn das Herz weiß,
nennt man es Liebe.
Und wenn das Wesen weiß,
nennt man es Meditation.

Die authentische Frage ist: „Wer bin ich?" Und die einzige Möglichkeit, es herauszufinden, ist still zu sein, aufmerksam, wach, deine Gedanken zu beobachten und sie verschwinden zu lassen.

Eines Tages stellst du fest, daß alles still geworden ist… nicht ein Gedanke regt sich.

Alles ist zum Stillstand gekommen, als sei die Zeit stehengeblieben.

Und plötzlich bist du aus einem langen, langen Schlaf erwacht, einem Alptraum.

Es gibt nur eine Tür,
die dir helfen kann,
und die liegt in deinem Innern.

Mit dem Sprung in dein Inneres tauchst du ins Dasein ein.

Im selben Augenblick wirst du eins mit allem. Dann bist du nicht mehr einsam, nicht mehr allein, denn du bist in allem enthalten.

Du bist in alle Richtungen ausgedehnt, in jede mögliche Manifestation.
Du bist das Blühen des Baumes,
du bist die dahinziehende weiße Wolke.
Du bist im Meer, im Fluß. Du bist
in den Tieren, in den Menschen.

Ich gebe dir keine neuen Dogmen, keine Glaubenssätze, Bekenntnisse, Ideologien –

ganz und gar nicht. Meine Funktion ist eine völlig andere.

Meine Aufgabe ist es, dir all das wegzunehmen und keinen Ersatz dafür zu liefern.

Ich ersetze nicht dein altes Glaubenssystem durch ein neues.

Ich zerstöre das alles. Vielleicht wunderst du dich, daß ich es einfach nur zerstöre. Ich will alles zerstören, was man dir aufgezwungen hat. Und es ist nicht nötig, einen Ersatz dafür zu liefern. Kreativität ist dein ureigenstes Potential. Ich brauche nichts in dich hineinzulegen.

Sobald die Hindernisse beseitigt sind, beginnst du zu wachsen und zu fließen. Du fängst an, auf eigene Faust zu suchen. Und bald gewinnst du Kraft und neue Stärke, denn schon eine kleine eigene Entdeckung macht dich so ungeheuer glücklich, wie du es dir kaum vorstellen kannst.

Schon eine kleine eigene Entdeckung macht dich zu einem neuen Wesen, denn nun ist die Wahrheit in dir geboren. Vielleicht ist es nur ein Samenkorn, aber der Anfang ist gemacht.

Zähle einmal nach, wie viele Gedanken wirklich deine eigenen sind. Sie stammen alle aus fremden Quellen, sie sind nur geliehen.

Entweder haben andere sie dir eingetrichtert oder du warst so dumm, sie dir selbst einzutrichtern. Aber nichts gehört dir.

Behalte ein Kriterium im Sinn: Kostbar ist nur das, was *du* weißt. Und das, was du weißt, kannst du unmöglich verlieren.

Was verlorengehen kann und woran du dich klammern mußt, kann nicht von Wert sein – eben weil es verlorengehen kann. Es beweist, daß es nicht deine eigene Erfahrung ist.

Man sagt mir nach, daß ich die Leute einer Gehirnwäsche unterziehe. Nein, ich mache keine Gehirnwäsche, aber zweifellos reinige ich Gehirne – und ich bin für „Dry-Cleaning".

Fange neu an: ein unbeschriebenes Blatt – ohne Ideologien, ohne Dogmen, ohne Glauben. Dann besteht die Möglichkeit, daß du die Wahrheit findest.

Und die Wahrheit ist weder hinduistisch noch mohammedanisch noch christlich. Die Wahrheit steht weder in der Bibel noch im Koran noch in der Gita.

Die Wahrheit, die du finden wirst, ist zu deiner Überraschung nirgendwo niedergeschrieben, sie kann nirgendwo geschrieben stehen. Es ist unmöglich, sie niederzuschreiben. Sie ist von keinem je in Worte gefaßt worden, und keiner wird sie je in Worte fassen können.

Dein Verstand fragt immer: „Warum? Wozu?" Und alles, was auf die Frage: „Wozu?" keine Antwort gibt, verliert allmählich jeden Wert für dich.

Darum ist Liebe wertlos geworden. Dient Liebe irgendeinem Zweck? Was bringt sie dir? Was kommt dabei heraus? Erreichst du dadurch Utopia, ein Paradies?

So gesehen hat Liebe natürlich keinen Zweck. Sie ist sinnlos.

Hat Schönheit irgendeinen Sinn? Du siehst einen Sonnenuntergang – seine Schönheit raubt dir den Atem. Aber jeder Idiot kann dich fragen: „Was soll das?", und du mußt ihm die Antwort schuldig bleiben. Wenn aber kein Sinn darin liegt, warum rühmst du dann die Schönheit unnötigerweise?

Eine schöne Blüte oder ein schönes Gemälde, schöne Musik, ein schönes Gedicht – sie dienen keinem Zweck. Sie sind weder beweiskräftige Argumente, noch verfolgen sie ein Ziel.

Und das Leben besteht nur aus Dingen, die zwecklos sind.

Laß es mich wiederholen: Das Leben besteht nur aus Dingen, die zwecklos sind, die absolut keinen Sinn haben. Unter „Sinn" verstehe ich, daß sie keinem Ziel dienen, nirgendwo hinführen, daß nichts für dich dabei herausspringt.

Mit anderen Worten: Im Leben selbst liegt der Sinn.

Ich verspreche dir kein Reich Gottes. Du wirst nichts erben. Du hast dein Erbe bereits angetreten – es ist dein Leben.

Liebe und achte es.

Überall auf der Welt sterben Menschen, die nie gelebt haben. Es ist unmöglich, aber es passiert täglich. Und viele haben es im Augenblick des Todes eingesehen und auch ausgesprochen: „Seltsam: zum erstenmal wird mir klar, daß ich das Leben versäumt habe."

Wenn du schon lebst – dann wofür? Für die Liebe, für die Freude, für die Ekstase. Warum sollte man sonst überhaupt leben?

Achte das Leben, ehre es. Nichts ist heiliger als das Leben, nichts ist göttlicher.

Das Dasein als solches hat keinen Sinn. Aber es ist auch nicht sinnlos. Für das Dasein ist Sinn einfach belanglos. Das Dasein will kein Ziel erreichen. Es geht nirgendwohin. Es *ist* einfach.

Sinn ist zielorientiert: für irgendeinen Zweck, eine Leistung. Der Verstand des Menschen schafft das Problem des Sinns.

Im Verstand liegt die Wurzel aller Fragen, die in dir aufkommen. Der Verstand fühlt sich unbehaglich mit den Dingen, so wie sie sind. Das liegt in der Natur des Verstandes.

Es ist mein Anliegen, dich dir selbst zurückzugeben.

Man hat dich gestohlen.

Man hat dich zugeschüttet, konditioniert, auf jede erdenkliche Art. Alle Türen, die zu dir selbst hinführen, hat man geschlossen. Meine ganze Arbeit besteht darin, in dir die Türen und Fenster aufzumachen. Und wenn ich alle Mauern abreißen kann und dich als offenen Himmel zurücklasse, dann wirst du wissen, was Religion ist.

Wir können besser leben, wir können länger leben, wir können bequemer leben – aber wir können nicht wissen, was Leben ist. Diese Frage wird bis zuletzt offen bleiben.

Die Pseudo-Religionen beruhen auf der Disziplinierung des Verstandes.

Die erste Aufgabe der wahren Religion besteht darin, den Verstand aus dem Weg zu räumen.

Und im Grunde ist das sehr einfach. Die Disziplinierung hingegen ist sehr schwierig.

Den Verstand auf Konzentration zu trainieren, ist sehr schwierig, denn er bäumt sich auf, er fällt immer wieder in seine alten Angewohnheiten zurück. Du fängst ihn ein, aber er entwischt. Du holst ihn wieder zum Gegenstand deiner Konzentration zurück, und plötzlich merkst du, daß du an etwas anderes denkst. Du hast vergessen, worauf du dich konzentrieren wolltest. Es ist keine einfache Aufgabe.

Aber den Verstand einfach beiseite zu lassen, ist ganz leicht – überhaupt nicht schwer. Das einzige, was du tun mußt, ist beobachten. Was auch immer in deinem Verstand vor sich geht – greife nicht ein, versuche nicht, es zu unterbinden. Tue nichts, denn alles, was du tust, wird zur Disziplin.

Tue also absolut nichts. Beobachte nur.

Das Seltsamste am Verstand ist, daß er langsam verschwindet, wenn du ihn beobachtest. So wie das Licht die Dunkelheit auflöst, löst Beobachtung den Verstand auf, seine Gedanken, das ganze Drum und Dran.

Meditation ist also einfach Beobachtung, Bewußtheit. Und sie führt zur Erkenntnis – sie hat nichts mit Erfindung zu tun. Meditation erfindet nichts; sie entdeckt einfach das, was vorhanden ist.

Und was ist vorhanden? Du gehst nach innen, und du findest eine unendliche Leere von solch ungeheurer Schönheit, solcher Stille, solcher Fülle an Licht, solchem Duft – du bist im Reich Gottes.

Mit meinen Worten: du bist in die Göttlichkeit eingetreten.

Und wenn du einmal diesen Zustand erfahren hast, kommst du als völlig neues Wesen daraus hervor, als neuer Mensch. Jetzt hast du dein echtes Gesicht. Alle Masken sind abgefallen.

Du lebst weiter in der gleichen Welt, aber nicht auf die gleiche Art. Du lebst unter den gleichen Leuten, aber mit einer anderen Einstellung, einer anderen Haltung.

Du lebst wie eine Lotosblüte im Wasser: im Wasser zwar, aber vom Wasser völlig unberührt.

Religion ist die Entdeckung dieser inneren Lotosblüte.

Freundschaft ist aus der Welt verschwunden, so wie Liebe verschwunden ist, denn Freundschaft ist nur dann möglich, wenn man sich unverhüllt trifft, so wie man ist – nicht wie die Leute dich haben wollen, nicht wie du sein sollst, sondern einfach wie du bist.

Wenn zwei Menschen sich füreinander öffnen, einfach so wie sie sind, dann entsteht Freundschaft. Wenn zwei Menschen bereit sind, ihre Masken fallenzulassen, dann haben sie sich mit einem gewaltigen Schritt der Religiösität genähert.

Liebe, Freundschaft, alles was dir hilft, die Maske fallenzulassen, bringt dich deshalb der Religion näher.

Auf die Suche zu gehen, ist riskant. Man geht ins Unbekannte. Man weiß nicht, was passieren wird.

Man läßt alles Vertraute zurück, alles Angenehme, und man geht ins Unbekannte. Man ist nicht einmal völlig sicher, ob es am anderen Ufer etwas zu finden gibt, oder ob es überhaupt ein anderes Ufer gibt.

Darum klammern sich die Leute an den Theismus, oder, wenn sie ein wenig stärker sind, intellektuell, die Intelligentsia, dann klammern sie sich an den Atheismus. Aber beides ist eine Flucht vor dem Zweifel. Und vor dem Zweifel davonzulaufen heißt, der eigenen Suche auszuweichen – denn was ist der Zweifel? Er ist nur ein Fragezeichen. Er ist nicht dein Feind, er ist einfach ein

Fragezeichen in deinem Innern, das dich zur Suche bereit macht.

Der Zweifel ist dein Freund.

Das erste ist, du selbst zu sein.
Und das zweite, zu wissen, wer du bist.

Bleibe also du selbst.

Bleibe natürlich.

Versuche, dir mehr und mehr bewußt zu werden, was dieser Lebensstrom ist, der dich durchfließt.

Wer schlägt in deinem Herzen?

Wer atmet in dir?

Das Selbst ist dir angeboren.

Das Ego ist das, was sich ansammelt.

Das Ego ist dein Werk.

Das Selbst ist ein Geschenk des Daseins an dich. Du hast nichts getan, um es zu verdienen, du hast es nicht erarbeitet; deshalb kann niemand es dir nehmen. Das ist nicht möglich, denn es ist deine Natur, dein eigenes Wesen.

Zweifle, aber nicht nur halbherzig.

Zweifle mit deiner ganzen Intensität, damit der Zweifel zum Schwert in deiner Hand wird, und es wird den Müll, der sich um dich angesammelt hat, abtrennen.

Zweifel reinigt dich vom Müll, und Meditation weckt dich auf.

Das sind die beiden Seiten der gleichen Münze, denn unter der Last dieses ganzen Mülls kannst du nicht aufwachen.

Dieser Müll erzeugt deinen Schlaf; das ist seine Funktion. Er soll deinen Schlaf aufrechterhalten.

Man muß immer mit dem Negativen beginnen, mit dem Nein.

Wenn du zum Ja kommen willst, mußt du tausendmal Nein sagen, um ein Ja im Leben zu finden. Weil so viele Leute dein ganzes

Leben ruiniert haben, mußt du zu all diesen Leuten Nein sagen.

Und nach tausend „Nein" ist es dir dann vielleicht möglich, „Ja" zu sagen.

Wenn dir etwas bewußt wird, dann besteht eine Möglichkeit, es zu ändern.

Die Menschen leben im Unglück, und sie haben es als Bestandteil des Lebens hingenommen, als ihr Schicksal. Niemand stellt es in Frage.

Niemand fragt, warum.

Eines ist ungeheuer wichtig, was die Wahrheit angeht:

Nur wenn du sie selbst findest, wird sie zur Wahrheit für dich.

Wenn es die Wahrheit eines anderen ist und du sie dir borgst, dann verliert sie durch eben dieses Borgen den Charakter der Wahrheit – sie ist zur Lüge geworden.

Die Priester sind die größten Betrüger auf der Welt. Sie verkaufen euch Dinge, die niemand je gesehen hat und die niemand je sehen wird.

Bei allem, was du tust, bei allem, was du denkst, bei allen Entscheidungen, bedenke eines: kommt es aus dir oder spricht jemand anders aus dir? Und du wirst dich wundern, wenn du die eigentliche Stimme entdeckst.

Vielleicht ist es deine Mutter – du hörst sie wieder sprechen. Vielleicht ist es dein Vater. Es läßt sich leicht herausfinden. Die Stimme bleibt genauso aufgezeichnet, wie sie zum erstenmal zu dir gesprochen hat – mit demselben Rat, dem Befehl, der Disziplin, dem Gebot.

Ego ist alles, was du ständig anhäufst – durch die Erziehung, die Sitten, durch Zivilisation, Kultur, durch Schulen, Akademien, Universitäten. Du häufst immer mehr davon an. Du selbst bemühst dich darum, du hast es geschaffen, und du hast es so aufgebläht, daß du dein wahres Selbst darüber völlig vergessen hast.

Befreie dich von den Stimmen in dir. Bald wirst du mit Verwunderung eine stille kleine Stimme wahrnehmen, die du nie zuvor gehört hast. Du kannst nicht ausmachen, wem sie gehört. Nein, es ist nicht deine Mutter, es ist nicht dein Vater, es ist nicht dein Priester, nicht dein Lehrer... Dann erkennst du plötzlich, daß es *deine* Stimme ist. Deshalb konntest du ihre Identität nicht feststellen, konntest du nicht herausfinden, wem sie gehört.

Entdecke deine eigene Stimme.

Dann folge ihr ohne Furcht.

Wohin sie führt, dort ist das Ziel deines Lebens, dort liegt deine Bestimmung.

Nur dort findest du Erfüllung, Zufriedenheit.

Nur dort kannst du aufblühen, und in diesem Aufblühen erlangst du Wissen.

Wenn du einmal die Wahrheit gehört hast, kannst du sie unmöglich wieder vergessen. Eine Eigenschaft der Wahrheit besteht darin, daß man sie sich nicht ins Gedächtnis rufen muß. Die Lüge muß man sich ständig in Erinnerung bringen; man könnte sie sonst vergessen.

Ein gewohnheitsmäßiger Lügner braucht ein besseres Gedächtnis als jemand, der gewohnt ist, die Wahrheit zu sagen, denn ein wahrheitsliebender Mensch braucht kein gutes Gedächtnis. Wenn du immer die Wahrheit sagst, brauchst du sie dir nicht zu merken.

Aber wenn du lügst, mußt du dich ständig daran erinnern. Du hast jemandem eine bestimmte Lüge erzählt, eine andere Lüge einem andern, und einem Dritten noch etwas anderes. Was du zu wem gesagt hast, mußt du im Kopf auseinanderhalten. Und wenn man dich zu einer deiner Lügen etwas fragt, mußt du weiter lügen. Es ist eine Kette. Lügen halten nichts von Geburtenkontrolle.

Die Wahrheit lebt im Zölibat.

Sie ist kinderlos; genauer gesagt: sie ist unverheiratet.

Nur Rebellen finden die Wahrheit. Und ein Rebell zu sein, heißt zweifellos, gefährlich zu leben.

Die Gesellschaft bringt dir bei: „Wähle das Bequeme, das Angenehme. Wähle die ausgetretenen Pfade, die deine Vorväter gegangen sind, und ihre Vorväter und deren Vorväter, seit Adam und Eva. Wähle die ausgetretenen Pfade. Sie sind ein Beweis. So viele Millionen Menschen sind auf ihnen gegangen, daß du nicht in die Irre gehen kannst."

Aber bedenke eines: Die Masse macht niemals die Erfahrung der Wahrheit.

Die Wahrheit erfährt nur der einzelne.

Gefährlich zu leben heißt, gut achtzugeben, wenn du vor Alternativen stehst: Wähle nicht das Angenehme, das Bequeme, das Respektierte, das, was die Gesellschaft akzeptiert, das Ehrenwerte.

Wähle, was dein Herz höher schlagen läßt. Wähle, was du trotz aller Konsequenzen tun willst.

Feiglinge denken an die Folgen: Was passiert, wenn ich das tue? Was kommt dabei heraus? Sie sind mehr um das Resultat besorgt.

Ein authentischer Mensch denkt nie an die Folgen. Er denkt nur an das, was er im Moment tut. Er fühlt: „Das zieht mich an, und das werde ich tun." Dann heißt er alles willkommen, was passiert. Er wird es nie bedauern.

Ein authentischer Mensch bedauert nie, bereut nie, denn nie hat er etwas gegen sich selbst getan.

Ich lehre euch, authentisch zu sein, Individuen mit Integrität und großer Selbstachtung.

Du mußt deine Antworten loslassen. Es genügt, wenn ich mich mit deinen Fragen herumschlage. Mit deinen Antworten mußt du dich schon selber herumschlagen.

Laß sie fallen, und ich beseitige deine Fragen.

Wenn dann eines Tages keine Frage und keine Antwort mehr in dir ist, wenn du einfach hier sitzt, leer, dann bist du Zuhause.

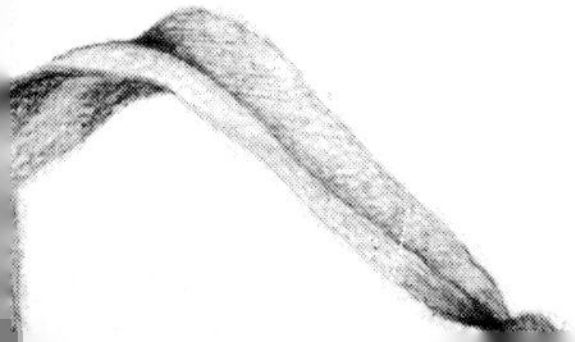

Die Persönlichkeit ist eine sehr dünne Maske, die die Gesellschaft jedem einzelnen aufgesetzt hat.

Und bis zum heutigen Tag hat sich noch jede Gesellschaft bemüht, dich und alle anderen zu hintergehen und deine Aufmerksamkeit auf deine Persönlichkeit zu lenken, als ob sie deine Individualität sei.

Persönlichkeit ist das, was andere dir geben. Mit Individualität wirst du geboren. Sie ist deine wahre Natur.

Niemand kann sie dir geben, niemand kann sie dir nehmen. Persönlichkeit kann man geben und nehmen. Wenn du dich also mit deiner Persönlichkeit identifizierst, hast du Angst, sie zu verlieren.

Deine Eltern, Lehrer, Nachbarn, Freunde haben dir eingeredet, daß du das bist. Sie alle haben deine Persönlichkeit geformt, ihr eine Gestalt gegeben. Und sie haben aus dir etwas gemacht, was du nicht bist und niemals sein kannst. Darum bist du unglücklich, eben weil du in diese Persönlichkeit eingezwängt bist. Sie ist dein Gefängnis. Aber gleichzeitig fürchtest du dich auch herauszukommen, denn du weißt nicht, daß du etwas anderes hast als das.

Die Situation ist ungefähr so, wie wenn du glaubst, daß du deine Kleider bist. Dann hast du natürlich Angst, nackt dazustehen. Es geht nicht nur um die Angst, die Kleider fallenzulassen. Du hast Angst, daß dann niemand mehr da ist und daß jeder die Leere sieht –

daß du innen hohl bist. Deine Kleidung gibt dir Substanz. Die Persönlichkeit hat Angst. Und es ist ganz natürlich, daß sie Angst hat.

Gefährlich leben heißt: Stelle nicht so dumme Bedingungen, die dich vom Leben trennen – Komfort, Annehmlichkeiten, Ansehen.

Laß all das beiseite und laß dich vom Leben selbst führen. Gehe mit dem Leben, ohne dich darum zu sorgen, ob das nun der beste Weg ist – ohne Sorge, wohin es dich führt.

Lebe wachsam.

Was auch immer du tust – beim Gehen, Sitzen, Essen, oder wenn du nichts tust, einfach atmest, ruhst, im Gras ausspannst – vergiß nie, daß du ein Beobachter bist.

Du wirst es immer wieder vergessen. Du verstrickst dich in irgendeinen Gedanken, ein Gefühl, eine Emotion, eine Gemütsbewegung – alles Mögliche wird dich vom Beobachten ablenken.

Erinnere dich wieder daran und kehre schnell zurück zu deinem inneren Beobachter.

Wenn du deine Bürde abwirfst,
kannst du deine Schwingen öffnen
und hineinfliegen in das weite All,
das auf dich wartet und wartet...

Wenn deine Worte aus dem
Herzen kommen, haben sie ihren
eigenen Nachdruck. Wenn deine
Hände etwas ausdrücken wollen,
finden sie ihre eigene Sprache.
Du brauchst nichts zu tun.
Wenn sich etwas durch deine Augen
ausdrücken will, wird es geschehen.
Du brauchst nichts hineinzulegen,
sonst wird das Ganze zur Heuchelei.

Beobachten ist kein Tun. So wie du den Sonnenuntergang oder die Wolken am Himmel beobachtest oder die Fußgänger auf den Straßen: beobachte genauso den Verkehr der Gedanken und Träume, ob relevant oder irrelevant, ob zusammenhängend oder unzusammenhängend, was auch immer los ist. Und es ist immer Stoßverkehr.

Du beobachtest es einfach. Du trittst völlig unbeteiligt zur Seite.

Das Ego ist einfach nur ein Fehler, so als sei zwei und zwei fünf. Wenn du auf der Suche nach deinem wahren Selbst in dich hineinschaust, dann findest du heraus, daß zwei und zwei vier ist, nicht fünf.

Du brauchst nichts aufzugeben, aber etwas an dir ist verschwunden. Etwas, das sich immer als dein Selbst ausgab, etwas, das dein ganzes Leben zerstört hat, etwas, das alles durcheinander gebracht hat – dieses Etwas ist verschwunden.

Nur du selbst kannst dich erlösen, indem du nicht mehr zuläßt, daß man dich fesselt, dich in immer schwerere Ketten legt, immer größere Mauern um dich errichtet.

Du bist dein eigener Messias,
dein eigener Erlöser.

Denke daran: Beobachten ist keine Kunst, kein Handwerk, nein, es ist ein Kniff. Du mußt nur eins beachten, nämlich daß du nicht in dem Fluß ertrinkst, der durch dich hindurchfließt. Und wie kannst du darin ertrinken?

Du ertrinkst, sobald du irgendwie aktiv wirst.

Bleibe untätig, passiv, tue nichts, sei aufmerksam. Wenn ein Gedanke vorbeizieht – ob gut oder schlecht – kümmere dich nicht darum. Es geht dir nur ums Beobachten, nicht ums Bewerten und Verurteilen, denn das sind Handlungen.

Es ist nicht dein Problem: Wenn Habgier vorbeizieht, laß sie; wenn Ärger vorbeizieht, laß ihn. Wer bist du, dich einzumischen? Warum bist du so sehr mit deinem Kopf identifiziert? Warum denkst du: „Ich bin gierig... ich bin verärgert?" Es ist nur ein Gedanke von Ärger, der vorbeizieht. Laß ihn. Du beobachtest einfach.

Wenn du nicht redest, heißt das noch nicht, daß du still bist. Du sagst vielleicht nichts, du äußerst kein einziges Wort, aber in dir tummeln sich tausend Gedanken. Es ist ein ständiger Strom von Gedanken, tagein, tagaus.

Wunden heilen nicht,
wenn man sie zudeckt.

Religion ist Heilung.

Das Wort „Meditation" und das Wort „Medizin" haben den gleichen Ursprung. Medizin heilt den Körper, Meditation heilt dein Wesen; es ist die Medizin für das Innere.

Wenn du glaubst, wirst du niemals finden. Und alles, was du findest, ist nur eine Projektion deines eigenen Glaubens – es ist nicht die Wahrheit.

Was hat die Wahrheit mit deinem Glauben zu tun?

Zweifle, und zweifle total, denn der Zweifel ist ein Reinigungsprozeß. Er beseitigt allen Schund aus deinem Hirn.

Er gibt dir deine Unschuld zurück, macht dich wieder zu dem Kind, das von den Eltern, von den Priestern, von den Politikern, von den Pädagogen kaputtgemacht wurde. Dieses Kind mußt du wiederentdecken. An diesem Punkt mußt du neu beginnen.

Denke daran:
nur was du selbst erlebst,
gehört dir.
Was *du* weißt –
das allein weißt du.

Für mich ist es das größte Wunder, mit der Natur in Harmonie zu sein, in völligem Einklang mit der Natur.

Am Morgen bist du mit ihr im Einklang, am Abend bist du mit ihr im Einklang, in Freude ebenso wie im Schmerz.

Im Leben bist du mit ihr im Einklang und auch im Tod. In keinem einzigen Augenblick trennst du dich an irgendeinem Punkt von der Natur.

In dieser totalen Übereinstimmung, dieser absoluten Übereinstimmung, wird der religiöse Mensch geboren.

Man muß das Wort „Religion" verstehen. Dieses Wort ist bedeutungvoll: es bedeutet, die Teile zusammenzufügen, so daß die Teile keine Einzelteile mehr sind, sondern zu einem Ganzen werden.

Die Grundbedeutung des Wortes „Religion" ist, die Dinge so zusammenzufügen, daß ein Teil kein Teilstück mehr ist, sondern zum Ganzen wird. Im Miteinander wird jeder Teil zum Ganzen.

Für sich allein ist jeder Teil tot.

Zusammengefügt entsteht eine neue Qualität – die Qualität des Ganzen. Und diese Qualität in dein Leben zu bringen, ist der Sinn der Religion.

Es hat nichts mit Gott oder dem Teufel zu tun. Aber so wie die Religionen in der Welt verfahren, haben sie die ganze Qualität der Religion, ihre eigentliche Aufgabe völlig verdreht. Anstatt sie zu einer Wissenschaft der Integration zu machen, die den gespaltenen Menschen eins werden läßt, haben die Religionen auf der ganzen Welt dazu beigetragen, daß die Menschheit sogar die Bedeutung des Wortes vergessen hat.

Der Gottesbegriff in sämtlichen alten Religionen ist nichts anderes als ein Produkt der Angst, eine Tröstung.

Ansonsten gibt es für die Existenz Gottes keine Stichhaltigkeit, kein Zeugnis, keinen Beweis.

Die Leute, die an Gott glauben, sind in Wirklichkeit Menschen, die kein Vertrauen zu sich selbst haben. Sie brauchen eine Vaterfigur, einen großen Pappi.

Kein anderer kann dich erlösen – diese ganze Vorstellung ist falsch. Du hast deine Fesseln selbst geschaffen. Wie könnte ich dich davon befreien?

Wirf deine Fesseln ab und sei frei.

Aber du liebst deine Ketten und möchtest, daß ich dich erlöse. Dein Wunsch ist absurd.

Du selbst bist die Ursache deines Unglücks, deines Leidens, und du willst, daß ich dich von diesem Leiden und Unglück erlöse. Aber du säst weiterhin die gleich Saat, bist weiterhin derselbe Mensch, bewässerst die gleichen Wurzeln.

Wie kann ich dich erlösen? Und warum sollte dich jemand erlösen?

Es ist nicht meine Aufgabe, dich zu erlösen. Ich habe dich nicht zu dem gemacht, was du bist. Das, was du bist, hast du selbst geschaffen.

Wir dürfen nicht den kleinsten Winkel des Daseins und unseres Wesens unerforscht lassen, im Dunkeln. Wir müssen alles ausleuchten.

Und bis das passiert, steckst du im Unglück, in Seelenqualen.

Deine Überzeugungen und dein Glaube werden dir nicht helfen.

Durch Licht verschwindet die Dunkelheit. Es ist nicht so, daß die Dunkelheit entweicht. Es gibt keine Dunkelheit; es ist fehlendes Licht.

Das Ego ist wie die Dunkelheit; es hat keine eigene Existenz. Es ist nur fehlendes Bewußtsein.

Darum sage ich nicht, daß du das Ego fallenlassen sollst. Ich sage: beobachte es.

Sei aufmerksam, beobachte es – und du wirst erstaunt sein, auf wie vielen Ebenen du es entdeckst.

Nietzsche sagt: „Bevor du den Baumwipfel erreichen und seine Blüten verstehen kannst, mußt du tief zu den Wurzeln gehen, denn dort liegt das Geheimnis. Und je tiefer die Wurzeln reichen, um so höher der Baum."

Je stärker also deine Sehnsucht nach Verstehen ist, nach kosmischem Bewußtsein – denn das ist die höchste Lotosblüte, das Lotosparadies – um so weiter mußt du zu den tiefsten Wurzeln hinabsteigen, in den dunkelsten Untergrund.

Und es gibt nur einen Weg dorthin:

Du kannst es Meditation nennen, du kannst es Bewußtsein nennen, du kannst es Beobachten nennen – es läuft auf dasselbe hinaus: daß du aufmerksam wirst, zuerst in bezug auf deinen bewußten Verstand, auf das, was in deinem bewußten Verstand vor sich geht... Und es ist eine wunderbare Erfahrung. Es ist wirklich zum Lachen, ein großartiges Panorama.

In meiner Kindheit gab es in meinem Ort keine Filme, Tonfilme. Es gab kein Kino. Jetzt gibt es eins, aber nicht in meiner Kindheit. Es kam nur gelegentlich ein Mann mit einem großen Kasten vorbei. Ich weiß nicht, wie man das nennt. In dem Kasten ist ein kleines Fenster. Er macht das Fenster auf, man schaut hinein, und während er eine Kurbel dreht, läuft innen ein Film ab. Und der Mann erzählt, was im Film passiert.

Ich habe alles vergessen, bis auf ein Bild, das ich aus einem bestimmten Grund nicht vergessen kann. Ich weiß, warum – es kam in allen Kästen vor, die in mein Dorf kamen. Ich sah mir jeden Film an, denn es kostete nur einen Paisa. Und die Vorführung war nicht lang, nur fünf Minuten. In jedem Kasten waren mehrere Filme, aber eine Szene kam immer vor: die nackte Wäscherin von Bombay. Warum war sie immer dabei? Eine sehr fette nackte Frau, die nackte Wäscherin von Bombay. Dieses Bild kam immer vor...

Vielleicht galt sie als große Attraktion, vielleicht waren die Leute wild auf diese nackte Wäscherin. Dabei war sie wirklich häßlich. Und warum aus Bombay?

Wenn man anfängt genauer hinzusehen... Immer wenn du Zeit hast, setze dich einfach still hin und schaue dir an, was dir durch den Kopf geht.

Du brauchst es nicht zu beurteilen, denn wenn du etwas beurteilst, verändert dein Verstand sofort die Szenerie in deinem Sinne. Der Verstand ist sehr sensibel, überempfindlich. Wenn er merkt, daß du etwas kritisierst, dann zeigt er dir nur noch die schönen Dinge. Er zeigt dir nicht mehr die nackte Wäscherin von Bombay; dieses Bild läßt er aus. Übe also keine Kritik, und dieses Bild wird dann unweigerlich erscheinen.

Übe keine Kritik, verurteile nicht, stimme auch nicht zu. Bleibe unbeteiligt.

Sitze einfach still da und schau dir die Dinge an, was immer auch passiert.

Der Verstand übertreibt leicht. Er liebt die Übertreibung. Er vergrößert die Dinge in beiden Richtungen: Nur ein kleiner Schmerz – und er macht ein ungeheures Aufheben. Nur ein wenig Leiden – und er macht es zum tiefsten Leiden auf der ganzen Welt. Schon bei einem kleinen Vergnügen fühlst du dich völlig obenauf, so als ob niemand außer dir ein solches Vergnügen kennt.

Der Verstand übertreibt und vergrößert alles. Er ist eine Lupe – und du fällst darauf herein.

Der Verstand gehört zur Gesellschaft, er gehört nicht zum Dasein. Darum braucht er die Gesellschaft für seine Entwicklung.

Je etablierter eine Gesellschaft, um so leistungsfähiger wird der Verstand.

Nur Bibeln und heilige Bücher verstauben.

Ein „Playboy"-Magazin sammelt keinen Staub an. Wer hat denn schon Lust auf ein heiliges Buch?

Die Religionen haben dir ein bequemes Leben verschafft, eine angenehme Lebensweise. Aber du lebst erst dann, wenn du dich entschließt, gefährlich zu leben, wenn du bereit bist, in die Dunkelheit zu gehen, auf eigene Faust zu suchen und zu forschen.

Und ich sage dir, du wirst die Antwort nicht finden. Niemand hat je die Antwort gefunden.

Jede Antwort ist Lüge.

Ja, die Wirklichkeit wirst du finden, aber die Wirklichkeit ist keine Antwort auf deine Frage.

Und wenn deine Frage verschwindet und keine Antwort greifbar ist – dieser Zustand ist das Mysterium.

Ich halte nichts vom Glauben.
Das muß als erstes verstanden werden.

Niemand fragt dich: „Glaubst du an die Rose?" Es ist unnötig. Du kannst sehen. Entweder ist die Rose da oder sie ist nicht da.

An Fiktionen muß man glauben, aber nicht an Fakten.

Glaube ist bequem, zweckdienlich; er stumpft dich ab. Er ist eine Art Droge. Er macht dich zum Trottel. Jeder Trottel kann Christ sein, Hindu, Mohammedaner. Aber es sind alles Trottel mit verschiedenen Etiketten. Und manchmal haben sie von einem Etikett genug; dann wechseln sie es aus: Der Hindu wird zum Christ, der Christ wird Hindu – ein neues Etikett, ein frisches Etikett, aber hinter diesem Etikett steckt genauso ein Glaubenssystem.

Zerstöre deinen Glauben.

Gewiß, es ist unbequem, unangenehm, aber nichts Wertvolles ist je ohne Unannehmlichkeiten erreicht worden.

Einen integrierten Menschen kann man nicht mit diesen kindischen, dummen Strategien manipulieren: „Wenn du das tust, kommst du in den Himmel mit all seinen Freuden. Wenn du jenes tust, fällst du in die Hölle mit ewigen Qualen.“

Der integrierte Mensch wird über all diesen Unsinn einfach lachen.

Er hat keine Angst vor der Zukunft. Man kann ihm keine Hölle andichten. Er ist nicht gierig auf die Zukunft; man kann ihm keinen Himmel andichten. Er braucht keinen Schutz, niemanden, der ihn leitet, der ihn irgendwo hinführt. Er hat keine Ziele, keine Motivationen.

Jeder Augenblick ist so vollkommen, daß er nicht durch einen anderen Augenblick vollendet werden muß, irgendwann in diesem Leben, oder vielleicht im nächsten Leben...

Jeder Augenblick ist so voll, übervoll, überfließend. Und der integrierte Mensch empfindet nur ungeheure Dankbarkeit für dieses herrliche Dasein.

Aber er spricht es nicht aus, denn das Dasein kennt keine Sprache. Dankbarkeit ist sein Wesen.

Was auch immer er tut – er ist dankbar.

Wenn er nichts tut, einfach stillsitzt – er ist dankbar.

Du trägst die Verantwortung für das, was du bist. Wenn du unglücklich bist, bist du dafür verantwortlich.

Mache niemand anderen dafür verantwortlich, denn sonst kannst du nie davon loskommen.

Erst wenn du alle Verantwortung auf dich genommen hast, in ihrer Totalität, dann erlangst du Reife.

Jeder, der nach einer Regel lebt, zerstört sich selbst, vergiftet sich selbst. Denn die Regel wurde von jemand anderem als dir selbst aufgestellt. Du bist nicht da, wo sie entstand, und wirst nie dort sein. Sie stammt aus einer Zeit, die nicht deine Zeit ist, aus einer Situation, die nicht die deine ist. Dieser Regel zu folgen, ist sehr gefährlich.

Du lenkst dein Leben von seinem Zentrum ab, von seinem Fundament – du verkrüppelst dich. Indem du versuchst, dir eine Form zu geben, verkrüppelst du dich nur, du verunstaltest dich.

Ich spiele nie das Spiel eines anderen, und ich mache meine Regeln selbst.

Nur Blinde glauben ans Licht. Wer Augen hat, glaubt nicht ans Licht, er sieht es.

Ich möchte nicht, daß du an irgend etwas glaubst. Ich möchte, daß du Augen hast. Und wenn du Augen haben kannst, warum willst du dich dann mit Glauben zufriedengeben und blind bleiben?

Und du bist ja nicht blind. Vielleicht hältst du nur deine Augen geschlossen. Vielleicht hat dir nie jemand gesagt, daß du die Augen öffnen kannst.

Ich bin nur ein ganz gewöhnlicher Mensch wie jeder andere auch. Wenn es einen Unterschied gibt, dann liegt er nicht in der Qualität. Er liegt im Wissen. Ich kenne mich, du kennst dich nicht.

Was unser Wesen betrifft, gehöre ich zum gleichen Dasein, ich atme die gleiche Luft. Du gehörst zu demselben Dasein, du atmest die gleiche Luft.

Du hast nur noch nicht den Versuch unternommen, dich kennenzulernen. In dem Augenblick, wo du dich kennst, besteht kein Unterschied mehr.

Es ist einfach so, als betrachte ich den Sonnenaufgang und du stehst mit geschlossenen Augen neben mir. Auch für dich geht die Sonne auf, genau wie sie für mich aufgeht.

Es ist so wunderbar und farbenprächtig – nicht nur für mich, auch für dich. Aber was kann die Sonne machen?

Du stehst mit geschlossenen Augen da. Das ist der einzige Unterschied. Ist das denn ein großer Unterschied?

Man muß dich nur schütteln und dir sagen: „Öffne die Augen. Der Morgen ist da, die Nacht ist vorbei."

So wie die Wissenschaft die objektive Welt entdeckt, die Außenwelt, so entdeckt die Religion die innere Welt.

Was die Wissenschaft für das objektive Sein ist, ist die Religion für das subjektive.

Ihre Methoden sind genau die gleichen.

Die Wissenschaft nennt es Beobachtung, die Religion nennt es Bewußtheit.

Die Wissenschaft nennt es Experiment, die Religion nennt es Erfahrung.

Die Wissenschaft verlangt, daß du vorurteilsfrei in das Experiment einsteigst, ohne jeden Glauben. Du mußt offen sein, verfügbar. Du zwingst der Wirklichkeit nichts auf. Du bist einfach offen für die Wirklichkeit, was immer es ist, auch wenn es gegen alle deine Vorstellungen geht. Du mußt diese Vorstellungen aufgeben – denn wie könntest du die Wirklichkeit leugnen?

Das wissenschaftliche Bemühen setzt um der Wirklichkeit willen den Verstand aufs Spiel, legt um der Wirklichkeit willen den Verstand beiseite.

Was zählt, ist die Wirklichkeit, nicht, was du darüber denkst. Deine Ideen mögen richtig oder falsch sein; die Wirklichkeit wird es entscheiden.

Nicht dein Verstand entscheidet,
was richtig oder falsch ist.

Das gleiche gilt für die Situation einer echten Religion, einer wissenschaftlichen Religion.

Der Mensch wird mit unbekanntem, nicht erkennbarem Potential geboren.

Sein wahres Gesicht ist ihm nicht zugänglich, wenn er auf die Welt kommt.

Er muß es finden. Er muß es für sich entdecken, und das ist das Schöne daran. Das ist der Unterschied zwischen einem lebendigen Wesen und einem Ding.

Ein Ding hat kein Potential.
Es ist, was es ist.

Der Mensch ist kein Ding.

Daraus entstehen all die Schwierigkeiten und all die Freude, alle Herausforderungen und alle Wirren.

Ich nehme dir Gott fort, damit du dem armen alten Mann nicht die Schuld gibst.

Man hat ihn lange genug für alles verantwortlich gemacht. Er hat die Welt geschaffen, er hat dieses geschaffen, er hat jenes geschaffen... Ich befreie ihn von dieser ganzen Verantwortung. Er existiert nicht.

Du hast ihn erfunden, um ihm deine Verantwortung aufzuladen. Nimm deine Verantwortung zurück.

Das Universum möchte dich so, wie du bist, und deshalb bist du so.

Das Universum braucht dich so, sonst hätte es jemand anderen erschaffen, nicht dich.

Deshalb ist in meinen Augen das einzig Unreligiöse, nicht du selbst zu sein.

Sei du selbst, ohne jede Bedingung, ohne jeden Vorbehalt. Sei einfach du selbst, dann bist du religiös. Denn dann bist du gesund, vollständig.

Du kommst als absolut leeres, unbeschriebenes, offenes Buch in diese Welt. Du mußt dein Schicksal selbst schreiben. Es gibt niemand, der dein Schicksal für dich schreibt. Wer sollte dein Schicksal schreiben? Und wie? Und warum?

Du kommst in diese Welt als ein offenes Potential, ein multidimensionales Potential. Du mußt dein Schicksal schreiben, du mußt dir deine Bestimmung selbst schaffen.

Du mußt du selbst werden.

Du wirst nicht mit einem vorgefertigten Selbst geboren. Du wirst nur als Samenkorn geboren – und du kannst auch als Samenkorn sterben.

Aber du kannst auch zur Blüte werden, zum Baum.

Wenn etwas sehr offensichtlich ist, hältst du es für selbstverständlich. Wenn etwas zu nah vor deinen Augen ist, siehst du es nicht. Zum Erkennen braucht man eine gewisse Distanz.

Das Elend ist dir fast zur zweiten Natur geworden. Seit Tausenden von Jahren leben wir damit. Diese Nähe hindert uns daran, es zu erkennen; sonst wäre es völlig offensichtlich.

Aber um das Offensichtliche zu erkennen, braucht man den Blick eines Kindes, und wir alle tragen Jahrtausende in unseren Augen. Unsere Augen sind uralt. Unser Blick ist nicht frisch. Wir haben die Dinge einfach hingenommen und dabei vergessen, daß eben diese Dinge der Grund für unser Elend sind.

Es ist so billig, ein Gelehrter zu werden. Es gibt Schriften, es gibt Bibliotheken, es gibt Universitäten. Es ist so einfach, ein Gelehrter zu werden. Und wenn du erst einmal gelehrt bist, bist du sehr gefährdet, denn das Ego möchte gern glauben, daß es dein eigenes Wissen ist – nicht nur Gelehrtheit, sondern deine eigene Weisheit.

Das Ego möchte Wissen in Weisheit verwandeln. Dann fängst du an zu glauben, daß du etwas weißt.

Du weißt gar nichts. Du kennst nur Bücher und was in den Büchern steht. Vielleicht wurden diese Bücher von Leuten wie du geschrieben. Neunundneunzig Prozent aller Bücher werden von Leuten geschrieben, die viel gelesen haben. Es ist so: Wenn man zehn Bücher gelesen hat, ist der Kopf so mit Wissen vollgestopft, daß man alles in ein elftes Buch schütten möchte. Was soll man sonst damit machen? Man muß sich erleichtern.

Wie könntest du vor dir selbst davonlaufen? Du kannst es versuchen, aber du wirst immer feststellen, daß du noch da bist.

Du kannst dich hinter Bäumen und Bergen verstecken, in Höhlen, aber immer wenn du dich umschaust, siehst du, daß du noch da bist. Wie könntest du von dir selbst fortgehen?

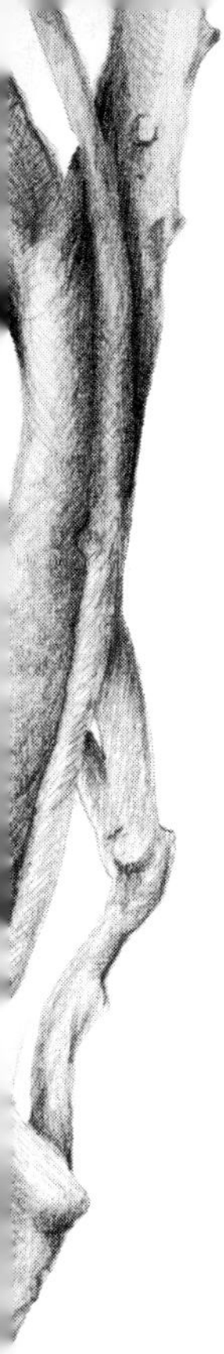

Sehen ist nicht denken.

Dort geht die Sonne auf. Wenn du darüber nachdenkst, entgeht es dir, denn im Nachdenken entfernst du dich davon. Durch das Denken kannst du dich meilenweit entfernen, und die Gedanken bewegen sich schneller als alles andere.

Denken verschleiert die Augen. Es verfärbt die Wirklichkeit, drückt ihr den eigenen Stempel auf. Es hält dich von der Wirklichkeit fern. Denken zwingt sich der Wirklichkeit auf; es ist ein Abweichen von der Wirklichkeit. Es bedeutet, daß man sich von der Wirklichkeit entfernt.

Sehen ist ein völlig anderer Vorgang. Es ist ein Nebenprodukt der Meditation.

Gehe einfach mit dem Leben, das in dir tanzt, in dir atmet, das in dir lebendig ist.

Du mußt dir selbst näherkommen, um es kennenzulernen. Vielleicht stehst du zu weit von dir entfernt. Deine Sorgen haben dich zu weit weggeführt. Du mußt nach Hause zurückkehren.

Denke also daran, solange du noch lebst, wie kostbar das Leben ist – versäume keinen einzigen Augenblick.

Du kannst nur du selbst sein und nichts anderes.

Und es ist wunderbar, du selbst zu sein.

Alles Ursprüngliche hat Schönheit, Frische, Duft, Leben. Alles Nachgeahmte ist tot, trübe, unecht, aus Plastik.

Du kannst dich verstellen, aber wen täuschst du? Du täuschst niemanden, außer dich selbst. Und was hast du von dieser Täuschung? Was gewinnst du dadurch?

Ehe du dich kennen kannst, mußt du du selbst sein.

Du mußt deine Persönlichkeit wie Kleider fallenlassen, bis du in völliger Blöße dastehst.

Und das ist der Anfang.

Ich kann diese Hand ohne jede Achtsamkeit bewegen, und ich kann diese Hand bewegen, indem ich die ganze Bewegung von innen völlig aufmerksam beobachte.

Beide Bewegungen sind völlig unterschiedlich. Die erste Bewegung ist die Bewegung eines Roboters, mechanisch. Die zweite Bewegung ist eine bewußte Bewegung. Und wenn du bewußt bist, fühlst du die Hand von innen her. Wenn du nicht bewußt bist, kennst du die Hand nur von außen.

Du kennst dein Gesicht nur im Spiegel, von außen, denn du bist kein Beobachter. Wenn du zum Beobachter wirst, fühlst du dein Gesicht von innen her – und das ist eine solche Erfahrung, dich von innen zu beobachten!

Allmählich passieren dann seltsame Dinge... Gedanken verschwinden, Gefühle verschwinden, Emotionen verschwinden, und Stille umgibt dich.

Und du bist einfach wie eine Insel mitten in diesem Meer aus Stille.

Jeder rät dir, im Hintergrund zu bleiben. Warum? So ein kurzes Leben – warum solltest du dich nicht profilieren?

Spring so hoch, wie du kannst.

Tanze so verrückt, wie du kannst.

Das Leben geht nirgendwo hin.

Es ist nur ein Morgenspaziergang. Wähle das, wonach sich dein ganzes Wesen sehnt, wohin der Wind weht. Folge diesem Pfad bis zum Ende und erwarte nie, etwas zu finden.

Und deshalb bin ich nie überrascht worden, denn ich habe nie etwas erwartet.

Überraschung steht außer Frage – alles ist eine Überraschung. Und es kann keine Rede sein von Enttäuschung – alles ist eine Begegnung.

Wenn es passiert, gut; wenn es nicht passiert, noch besser!

Es ist gut, einige Male zu fallen, verletzt zu werden, wieder aufzustehen – einige Male vom Weg abzukommen. Es schadet nicht.

Wenn du feststellst, daß du vom Weg abgekommen bist, kehre um.

Lebenserfahrung kommt durch Experimente und Irrtümer.

Sünde ist eine Methode der falschen Religionen. Eine wahre Religion braucht diesen Begriff nicht. Die falsche Religion kann nicht ohne den Begriff der Sünde auskommen, denn die Sünde wird benutzt, um in den Menschen Schuld zu erzeugen.

Du mußt diese ganze Strategie von Sünde und Schuld verstehen. Nur wenn man jemandem Schuldgefühle gibt, kann man ihn psychisch versklaven. Sonst ist es unmöglich, ihn in eine bestimmte Ideologie, in ein bestimmtes Glaubenssystem einzusperren.

Aber wenn man erst einmal Schuld in ihm ausgelöst hat, hat man ihm seinen ganzen Mut genommen. Man hat seinen Drang zum Abenteuerlichen völlig vernichtet.

Man hat in ihm jede Möglichkeit, ein eigenständiges Individuum zu werden, unterdrückt.

Durch die Idee von Schuld hat man sein menschliches Potential fast umgebracht. Er kann nie unabhängig sein. Die Schuld zwingt ihn in Abhängigkeit von einem Messias, einer religiösen Lehre, von Gott, dem Begriff von Himmel und Hölle und dem ganzen Rest.

Schuldgefühle zu schaffen, ist eine einfache Sache: man bezeichnet Fehler und Irrtümer als „Sünden".

Jesus sagt immer wieder: „Bereue! Bereue!" Was denn? Daß Adam und Eva einen Apfel gegessen haben?

Es gibt nur eine Sünde: Unbewußtheit.
Und jeden Augenblick wirst du dafür bestraft.
Es gibt keine andere Strafe.
Jeder unbewußte Moment trägt seine Bestrafung in sich, und jeder bewußte Moment trägt seine Belohnung in sich. Beides hängt zusammen; man kann es nicht trennen.

Jede Gesellschaft behauptet: dies ist richtig und jenes ist falsch. Aber wie kann man verhindern, daß du das tust, was als falsch gilt? Das Dumme ist, daß das, was als falsch gilt, meistens natürlich ist – es zieht dich an. Es ist falsch, aber es ist natürlich; du fühlst dich stark zum Natürlichen hingezogen.

Also muß eine so tiefe Angst erzeugt werden, daß diese stärker wird als die Anziehungskraft des Natürlichen. Darum muß man die Hölle erfinden.

Vom ersten Lebenstag an wird im Kind ein Gewissen geformt – eine Seite in ihm, die alles verurteilt, was der Gesellschaft nicht an ihm gefällt, und die alles lobt, was die Gesellschaft gut findet. Du bist keine Einheit mehr.

Das Gewissen übt einen ständigen Zwang auf dich aus, so daß du immer auf der Hut bist: Gott beobachtet dich. Gott sieht alles, was du tust, also paß auf! Selbst in deinen Gedanken gönnt man dir keine Freiheit – Gott beobachtet dich. Ist Gott ein Voyeur? In jedem Badezimmer schaut er durchs Schlüsselloch; er läßt dich nicht in Ruhe.

Du mußt diese beiden Wörter verstehen: Gewissen und Bewußtsein.

Bewußtsein gehört dir.

Gewissen kommt durch die Gesellschaft; es wird deinem Bewußtsein aufgezwungen. Verschiedene Gesellschaftsformen zwingen dem Bewußtsein zwar unterschiedliche Vorstellungen auf, aber alle zwingen sie dir irgend etwas auf. Und wenn deinem Bewußtsein einmal etwas aufgezwungen ist, kannst du es nicht mehr erkennen. Es hat sich zu weit von dir entfernt. Zwischen deinem Bewußtsein und dir steht die dicke Wand des Gewissens, das die Gesellschaft dir von Kindheit an aufgezwungen hat.

Wenn du auf etwas verzichtest, klammerst du dich mehr daran als vor deinem Verzicht. Jetzt kreisen deine Gedanken ständig darum.

Unterdrückung bedeutet: denke daran, die Natur ist dein Feind – du mußt sie bekämpfen, du mußt sie vernichten! Du mußt sie überwinden; nur dann bist du heilig.

Nun, das ist unmöglich.

Niemandem ist es je gelungen, die Natur zu überwinden. Es gibt nichts anderes als die Natur – darüber hinaus gibt es nichts. Auch was darüber hinausgeht, liegt *innerhalb* der Natur, nicht außerhalb.

Wer gegen die Natur angeht, kann sie niemals überwinden. Und sein ständiges Scheitern macht ihn unglücklich, macht ihn psychisch labil, macht ihn verrückt.

Und all das ist günstig für den Priester: er beutet dich aus.

Sein ganzer Beruf besteht nur darin, dir zu helfen – aber damit dir geholfen werden kann, muß man dich erst hilflos machen.

Gehorche niemandem.

Gehorche nur deinem eigenen Wesen. Folge ihm, wohin es dich führt, ohne Furcht, in Freiheit.

Wenn du einmal eine bestimmte Wahrheit erkannt hast, kannst du nicht anders, als ihr zu folgen.

Aber es muß *deine* Einsicht sein, deine Wahrnehmung, deine Erkenntnis.

Beginne mit Ungehorsam.

Die Gesellschaft gibt dir alles, wenn du ihr dafür deine Freiheit gibst.

Sie gibt dir Ansehen, sie gibt dir eine gute Stellung in der Hierarchie, in der Bürokratie – aber eins mußt du aufgeben: deine Freiheit, deine Individualität. Du mußt zu einer Nummer in der Masse werden.

Die Masse haßt jeden, der nicht dazugehört. Die Masse hat zu einem Fremden in ihrer Mitte ein sehr gespanntes Verhältnis, denn der Fremde wird zum Fragezeichen.

Ich sage dir, du bist nur dir selbst verpflichtet.

Und wenn du dich deinem eigenen Sein verpflichtet fühlst – und das ist das Wunderbare daran – dann entdeckst du, daß viele andere Verpflichtungen sich ganz von allein erfüllen.

Das Leben muß eine Transformation durchmachen, und diese Transformation bedeutet viel Arbeit an dir selbst.

Es ist kein Kinderspiel: „Glaube einfach an Jesus Christus, lies immer wieder die Bibel, dann wirst du erlöst."

Erlöst wovon?

Erlöst von der Transformation!

Die Religion hat den Sex mißbilligt, sie hat deine Freude am Essen mißbilligt – sie hat alles mißbilligt, was Freude machen kann – sie hat die Musik mißbilligt, die Kunst, das Singen und Tanzen.

Wenn du dich in der Welt umsiehst und zusammenzählst, was diese Religionen alles mißbilligt haben, dann wirst du eins feststellen: sie haben den Menschen als Ganzes mißbilligt. Keinen einzigen Zentimeter haben sie ausgelassen.

Ja, jede Religion hat ihr Teil dazugetan. Wenn man den Menschen als Ganzes mißbilligt, dreht er womöglich einfach durch. Man muß es also richtig dosieren: er wird getadelt, er fühlt sich schuldig und möchte von der Schuld erlöst werden – dann ist er bereit, deine Hilfe anzunehmen. Man darf ihn nicht zu sehr verurteilen, sonst ergreift er einfach die Flucht oder er springt ins Meer und macht Schluß. Das wäre kein gutes Geschäft.

Gott ist nichts anderes als unsere Vorstellung vom größten Diktator, dem größten Adolf Hitler.

Ich bin gegen das Gebet, denn im Grunde ist es nur ein Geschäft.

Man will Gott bestechen.

Man versucht, sein Ego zu stärken, indem man sagt: „Du bist groß, du bist mitfühlend, du vermagst alles, was du willst…" Und all das sagt man nur, weil man etwas von ihm will.

Für das Dasein ist der kleinste Grashalm genauso wichtig und genauso schön wie der größte Stern. Es gibt keine Hierarchie. Nichts steht höher, nichts tiefer.

Das Dasein ist sehr großzügig – immer verzeihend, nie strafend.

Aber der einzige Weg ins Dasein führt durch die Stille tief in deinem Innern.

Dich zu beeinflussen, ist ein Übergriff, ein Verstoß. Man will dich auf einen Weg zerren, der nicht dein Weg ist; man will dich zu Handlungen veranlassen, die dir überhaupt noch nie in den Sinn gekommen sind.

Auf einen Menschen Einfluß auszuüben, ist der größte Gewaltakt auf dieser Welt.

Laß dich von niemandem beeinflussen.

Laß dich von niemandem beeindrucken.

Sieh hin, mach die Augen auf, sei wach und triff deine Wahl.

Denke daran: die Verantwortung liegt bei dir selbst.

Schade niemandem, aber erlaube auch niemandem, dir zu schaden. Nur dann können wir eine menschliche Welt schaffen.

Der Mensch, der sich selbst achtet, kann niemanden demütigen, denn er weiß, daß das gleiche Selbst in jedem Wesen verborgen ist, auch in den Bäumen und Steinen. Es mag zwar in den Steinen in tiefem Schlaf liegen, darauf kommt es nicht an. Es ist das gleiche Dasein in verschiedenen Formen.

Ein Mensch, der sich selbst achtet, stellt plötzlich fest, daß er das ganze Universum achtet.

Das Leben fühlen und das Leben in seiner Totalität leben, mit solcher Leidenschaft und Intensität, daß jeder Augenblick zur Ewigkeit wird – das sollte das Ziel einer Religion sein.

Und das lehre ich dich:

Iß die Frucht vom Baum des Wissens.

Werde ein Wissender.

Alle Dunkelheit und Unwissenheit muß aus dir verschwinden. Du mußt bewußter werden, wissender, wacher.

Das ist es, was ich dich lehre.

Lebe das Leben mit solcher Leidenschaft, solcher Liebe, solcher Totalität, daß du den Geschmack der Ewigkeit darin entdeckst.

Und immer wenn du den Augenblick so lebst, daß du die Vergangenheit vergißt, die Zukunft vergißt, dann gibt dir ein solcher Augenblick den Geschmack der Ewigkeit.

Adam und Eva haben kein großes Verbrechen begangen – sie waren einfach ein wenig neugierig. Und ich glaube, jeder, der ein bißchen Verstand hat, hätte dasselbe getan. Es mußte einfach passieren, denn der Mensch hat ein tiefes Bedürfnis zu wissen. Es ist ihm angeboren; es ist keine Sünde.

Du bist mit Leben und Bewußtsein bedacht worden. Du bist einzigartig in diesem Dasein.

Die Bäume haben Leben, aber kein Bewußtsein. Die Tiere haben Verstand, aber keinen Zugang zur Bewußtheit.

Der Mensch ist die höchste Stufe des Daseins.

Gehorsam ist die größte Sünde.

Höre auf deine Intelligenz, und wenn sich etwas richtig anfühlt, tue es – aber das ist kein Gehorsam; du folgst deiner Intelligenz.

Wenn deine Intelligenz findet, daß etwas nicht stimmt, dann stelle dich dagegen, egal welches Risiko, egal welche Folgen!

Kein Gebot ist wichtiger als deine Intelligenz.

Warum haben die Religionen dich in Konflikt mit deinen natürlichen Instinkten gebracht? Ganz einfach – sie wollen, daß du dich schuldig fühlst.

Laß mich das Wort *Schuld* wiederholen. Da setzen sie an, um dich zu zerstören, dich auszubeuten, dich umzuformen, dich zu demütigen, dir deine Selbstachtung zu nehmen.

Wenn einmal Schuldgefühle entstanden sind, wenn du fühlst: „Ich bin schuldig, ich bin ein Sünder", dann ist ihre Arbeit getan.

Wer kann dich dann erlösen? Dann brauchst du einen Erlöser. Aber zuerst muß man die Krankheit verursachen.

Wenn erst einmal das Gefühl von Schuld in dir erzeugt wurde, bist du in den Klauen des Priesters.

Jetzt kannst du nicht mehr entkommen, denn er ist der einzige, der all diese schändlichen Seiten in dir wieder säubern kann, der dich tauglich macht, ohne Scham vor Gott zu stehen.

Er schafft die Fiktion von Gott.

Er schafft die Fiktion von Schuld.

Er schafft die Fiktion, daß du eines Tages vor Gott stehen mußt.

Die Wahrheit braucht keine Rückendeckung. Wenn du die Wahrheit sagst, ist es einleuchtend, vollständig. Nichts weiter ist nötig, keine Bekräftigung. Die Wahrheit spricht für sich selbst.

Die Lüge ist leer. Sie ist nicht einleuchtend. Aber wenn du viele Lügen erzählst, kannst du die Leute täuschen. *Eine* Lüge mögen sie vielleicht aufdecken, aber unter Tausenden von Lügen, in dieser Menge, ist es schwierig, die ursprüngliche Lüge zu entdecken.

Gott ist die ursprüngliche Lüge.

Es geht nicht um Glauben oder Unglauben – es gibt niemanden, an den du glauben oder nicht glauben könntest.

Es gibt keinen Gott.

Bitte denke also daran: sage nicht, ich sei ein „Ungläubiger". Ich bin weder ein Gläubiger noch ein Ungläubiger. Ich sage nur, daß das Ganze bloß eine Projektion des menschlichen Geistes ist, und daß es jetzt Zeit ist, mit diesem ganzen Spiel, daß sich gegen uns selbst richtet, Schluß zu machen.

Es ist Zeit, Gott für immer Lebewohl zu sagen.

Gott – vollkommen, absolut, allmächtig, allwissend, allgegenwärtig – alle Religionen wenden diese Ausdrücke auf Gott an. Ein solcher Gott ist tot, kann nicht lebendig sein, kann nicht atmen. Nein, einen solchen Gott lehne ich ab, denn mit so einem toten Gott ist das ganze Universum tot.

Göttlichkeit ist eine völlig andere Dimension...

Das Grün der Bäume, das Blühen der Rose, der Vogel im Flug – alle sind ein Teil davon.

Dann ist Gott nicht vom Universum getrennt. Dann ist er die Seele des Universums.

Dann vibriert und pulsiert und atmet das Universum Göttlichkeit.

Mißverstehe mich nicht, wenn ich sage, daß Gott eine Fiktion ist. Gott ist eine Fiktion, aber Göttlichkeit ist keine Fiktion. Es ist eine Qualität.

Gott als Person ist eine Erfindung. Es gibt keinen Gott, der im Himmel sitzt und die Welt erschafft. Und glaubst du wirklich, daß Gott dieses Chaos erschafft, das du die Welt nennst? Was macht denn dann der Teufel?

Wenn jemand diese Welt geschaffen hat, dann muß es der Teufel sein. Es kann unmöglich Gott sein.

Du wirst dich wundern, wenn ich sage, daß alle Christen im Grunde über Jesus verärgert sind. Er hat versprochen, sie zu erlösen – aber nichts ist erlöst. Er hat es versprochen, und er sagte: „Bald wirst du im Königreich Gottes sein; bald wirst du bei mir im Königreich Gottes sein." Zweitausend Jahre sind vergangen, und dieses „Bald" hat sich noch nicht erfüllt. Wann wird es sich erfüllen?

Jeder Christ ist über Jesus verärgert. Und wegen dieses Ärgers ist seine Haltung zu Jesus so fanatisch – damit niemand merkt, daß er verärgert ist. In Wahrheit will er sich selbst nicht eingestehen, daß er verärgert ist, daß er betrogen wurde, daß sein Glaube ein Schwindel ist, daß Millionen von Menschen seit zweitausend Jahren in diesem Glauben leben und mit diesem Glauben sterben. Sie sind nicht gewachsen, haben nichts erreicht, nichts gefunden. Sie haben Angst vor diesem Ärger, dieser Wut. Um sie zu verdrängen, geht man in die Kirche, betet man zu Jesus oder zu Krishna oder zu Mohammed.

Aber jeder Gläubige wird früher oder später frustriert sein, denn der Glaube verhilft ihm nicht zur Wahrheit. Er kann ihm niemals das lebendige Wasser des Lebens geben.

Zu Lebzeiten Jesu ist es gefährlich, bei ihm zu sein. Kein Geschäftsmann geht in seine Nähe – höchstens Spieler wagen es, bei ihm zu sein. Es ist gefährlich, bei ihm zu sein: er könnte gekreuzigt werden, du könntest gekreuzigt werden.

Aber nach seinem Tod wird er zu einem guten Geschäft. Eine andere Art von Menschen versammelt sich dann: es sind die Priester, die Päpste, die Imams, die Rabbiner – gelehrt, gut beschlagen, streitlustig, dogmatisch. Sie schaffen das Dogma, den Glauben. Sie schaffen den Kult.

Auf dem toten Körper eines religiösen Menschen errichten sie einen Kult.

Das Christentum ist ein Kult.

Jesus wurde aus einem jungfräulichen Mädchen geboren, denn wer aus Sex geboren ist, ist in Sünde geboren. Sex ist Sünde.

Nun frage ich mich, wie der Heilige Geist die Jungfrau Maria schwanger gemacht hat.

Ich glaube nicht, daß es künstliche Befruchtung war. Wie ist die arme Frau schwanger geworden? Aber die Christen müssen aus dem armen Jesus einen Bastard machen, nur um ihn aus der Sünde des Sex herauszuhalten. Jeder andere ist aus Sex geboren, ist aus Sünde geboren – nur Jesus ist nicht so geboren. Jesus ist etwas Besonderes.

Du verurteilst den Sex, und dann bist du nicht mehr in der Lage, diese Energie umzuwandeln. Es ist einfach Energie.

Sie kann sich in jede Richtung bewegen, nach unten, nach oben.

Wenn du sie akzeptierst, dann fließt sie, eben weil du sie akzeptierst, aufwärts – weil du sie zum Freund gemacht hast.

Wenn du sie ablehnst, schaffst du Feindseligkeit, eine Kluft in dir.

Sexuelle Energie, die sich abwärts bewegt, dient der Biologie. Und sexuelle Energie, die sich aufwärts bewegt, dient der Spiritualität. Aber es ist dieselbe Energie.

Deine religiösen Vorstellungen sind nicht religiös, sondern ein jahrhundertealter Aberglaube. Er besteht schon so lange, daß er wie Wahrheit aussieht.

Verzicht heißt, daß du dich zwingst, Dinge aufzugeben.

Und unter Zwang kannst du nichts fallenlassen.

Es geht nur tiefer in dein Unterbewußtsein. Es wird zu einem größeren Problem als vorher. Es wird sich jetzt auf mancherlei Art zeigen, in unterschiedlicher Verkleidung, unter mancherlei Masken. Und du wirst es möglicherweise gar nicht erkennen. Aber es wird sich durchsetzen, und zwar mit Macht. Du hast ihm diese Macht gegeben, indem du es tiefer ins Unterbewußtsein gedrängt hast.

Wenn du etwas unterdrückst, gibst du ihm Macht. Du machst es stärker und du bringst den Feind dazu, sich tiefer in dir einzunisten, im Dunkel, wo du verwundbarer bist.

Als es sich in deinem Bewußtsein befand, war es im Licht; du warst nicht so verwundbar.

Verzicht ist Unterdrückung.

Das Leben besteht aus den ganz kleinen Dingen. Wenn du dich also für die sogenannten großen Dinge interessierst, gehst du am Leben vorbei.

Leben heißt, eine Tasse Tee trinken, mit einem Freund plaudern, einen Morgenspaziergang machen – ohne eine bestimmte Richtung, nur ein Spaziergang, ohne Bestimmung, ohne Ziel – du kannst jederzeit umkehren. Für jemanden, den du liebst, Essen zubereiten, für dich selbst Essen zubereiten, denn du liebst auch deinen eigenen Körper. Deine Kleider waschen, den Boden putzen, den Garten bewässern – diese kleinen Dinge, ganz kleinen Dinge – einen Fremden grüßen, was ganz unnötig war, denn du wolltest nichts von dem Fremden.

Wer einen Fremden grüßen kann, kann auch eine Blume grüßen, kann auch einen Baum grüßen, kann auch den Vögeln ein Lied singen.

Neunzig Prozent aller Geisteskrankheiten auf der Welt sind nichts anderes als verdrängte Sexualität. Und fünfzig Prozent der körperlichen Krankheiten sind verdrängte Sexualität.

Wenn wir die Sexualität als natürlich annehmen können, werden neunzig Prozent aller Geisteskrankheiten einfach verschwinden, und fünfzig Prozent aller Körperkrankheiten werden verschwinden – spurlos.

Und zum erstenmal wird der Mensch in einem völlig neuen Zeitalter von Gesundheit, Wohlbefinden und Ganzheit leben.

Die goldene Lebensregel ist, daß es keine goldenen Regeln gibt.

Es kann nicht sein. Das Leben ist so unermeßlich, so riesengroß, so unbekannt, geheimnisvoll, daß man es nicht auf eine Regel oder Maxime reduzieren kann. Jede Maxime ist unzureichend, zu eng. Sie kann nicht das Leben und seine lebendige Energie enthalten. Deshalb ist diese goldene Regel – nämlich daß es keine goldenen Regeln gibt – bedeutungsvoll.

Ein authentischer Mensch folgt keinen Regeln, Maximen, Geboten. Das bleibt dem Pseudo-Menschen überlassen.

Der authentische Mensch lebt einfach das Leben.

Unbewußte Menschen sind berechenbar. Man kann sie leicht manipulieren. Man kann sie dazu bringen, bestimmte Dinge zu tun, bestimmte Dinge zu sagen, sogar Dinge, die sie nie tun oder sagen wollten, denn sie reagieren automatisch.

Aber ein bewußter Mensch, ein wahrhaft religiöser Mensch handelt spontan. Man hat ihn nicht in der Hand. Man kann ihn nicht herabsetzen, man kann ihn zu keiner Handlung manipulieren.

Nicht einen einzigen Satz kann man ihm entlocken. Er tut nur das, was er in diesem Augenblick aufgrund seines Bewußtseins für angebracht hält.

Alles, was du ohne Bewußtsein tust, schafft mehr und mehr Probleme.

Sie entfernen dich immer mehr von deiner Natur und lassen sich nur schwer lösen, denn es sind keine echten Probleme.

Was aus Bewußtheit entsteht, ist richtig.

Was aus Unbewußtheit kommt, ist falsch.

Nicht die Handlungen sind richtig oder falsch, sondern das, worin sie ihren Ursprung haben.

Hattest du jemals das Gefühl, daß das Dasein geizig sei?

Wozu braucht es so viele Sterne?

Nein, das Dasein ist alles andere als ärmlich.

Die Armut ist vom Menschen geschaffen.

Es ist seltsam, daß Gott immer noch auf seinem Thron sitzt, mit dem Heiligen Geist plaudert, mit seinem einzigen Sohn Jesus spielt, und der Teufel hält die ganze Welt in Gang – er erschafft Adolf Hitler, Josef Stalin, Benito Mussolini, Mao Tse-tung... Die ganze Weltgeschichte scheint zu neunundneunzigkommaneun Prozent ein Werk des Teufels zu sein.

Nur indem man sagt: „Gesegnet sind die Armen, denn ihrer ist das Reich Gottes", schafft man die Armut nicht ab.
In zweitausend Jahren hätten sonst die christlichen Priester die Armut abgeschafft.

Die Armut wächst, die Gesegneten vermehren sich.

Genaugenommen werden sich so viele Gesegnete das Reich Gottes teilen, daß sie wieder arm sind. Es wird nicht viel für jeden abfallen.

Es brauchte keine Probleme zu geben. Wir aber erzeugen Probleme mit der einen Hand und mit der anderen Hand versuchen wir die Probleme zu lösen – und beide sind unsere eigenen Hände!

Wozu braucht man Nationen?

Die ganze Erde ist eins.

Nur auf Landkarten zieht man Linien, und um diese Linien wird dann ständig gekämpft, getötet und gemordet. Es ist ein so törichtes Spiel, daß man sich gar nicht vorstellen kann, wie es ständig aufrechterhalten wird – es sei denn, die ganze Menschheit ist verrückt.

Wozu braucht man Nationen? Wozu braucht man Pässe und Visa und Grenzen? Diese ganze Erde gehört uns. Jeder hat das Recht zu leben, wo immer er will.

Wenn du das Leben achtest, wird es dir schwerfallen, auch nur eine Blume zu pflücken. Du erfreust dich an der Blume, du liebst die Blume, du kannst die Blume berühren, du kannst die Blume küssen – aber sie zu pflücken heißt, sie zu zerstören, und du tust der Pflanze weh. Sie ist so lebendig wie du.

Gewaltlosigkeit heißt nur, daß man niemanden tötet. Glaubst du, das ist genug?

Es ist nur eine negative Aussage: „Töte niemanden, verletze niemanden." Ist das genug?

Das Leben zu achten heißt zu teilen, deine Freude zu geben, deinen Frieden, deine Glückseligkeit. Teile, was immer du teilen kannst.

Wenn du das Leben achtest, wird es zur Andacht.

Dann fühlst du, wie Gott in allem lebt.

Wenn du dann einen Baum betrachtest, ist es Andacht.

Wenn du einem Gast das Essen reichst, ist es Andacht.

Ich sage, daß die Politiker und die Priester sich ständig verschwören, gemeinsam arbeiten, Hand in Hand. Der Politiker hat die politische Macht, der Priester hat die religiöse Macht. Der Politiker schützt den Priester, der Priester segnet den Politiker – und die Massen werden ausgebeutet, ausgesaugt; beide saugen ihr Blut aus.

Beseitige Gott, und du beseitigst die Politiker, du beseitigst die Politik, beseitigst die Verschwörung zwischen dem Priester und dem Politiker.

Und wenn du diese beiden beseitigt hast, verschwinden fünfzig Prozent deines Elends.

Die Welt könnte wirklich ein Paradies sein. Es gibt kein anderes Paradies – es sei denn, wir erschaffen es hier.

Alle Religionen lehren: „Dient den Armen." Aber keine einzige Religion ist bereit zu sagen: „Akzeptiert die Geburtenkontrolle, damit die Bevölkerung reduziert wird."

Ich bin für die absolute Geburtenkontrolle.

Diese Leute, die an der Macht sind...

Jeder Irre kann auf einen Knopf drücken und die ganze Menschheit auslöschen, alles Leben auf dieser Erde. Aber vielleicht steckt tief in der Menschheit selbst der Wunsch, das Leben loszuwerden. Vielleicht haben die Menschen als einzelne nicht genug Mut, um Selbstmord zu begehen, aber die Masse ist bereit.

Die Religionen haben dem Menschen Fiktionen gegeben, nach denen er lebt. Jetzt sind all diese Fiktionen zusammengebrochen, und der Mensch hat nichts mehr, wofür er lebt – daher seine Seelenqual.

Diese Qual ist nicht einfach ein Angstzustand. Angst dreht sich immer um ein bestimmtes Problem. Du hast kein Geld – du bekommst Angst. Du hast nicht genug Kleider, und der Winter steht vor der Tür – du fühlst eine gewisse Angst. Du bist krank und hast keine Medizin – und das macht dir Angst. Angst entsteht wegen eines bestimmten Problems.

Seelenqual hat nichts mit einem bestimmten Problem zu tun. Einfach da zu sein, erscheint fruchtlos, sinnlos. Einfach zu atmen, scheint eine unnötige Last, denn was wird morgen schon passieren? Gestern hast du auch geglaubt, daß morgen etwas passieren wird. Jetzt ist das Morgen von gestern da – das Heute – und gar nichts ist passiert. Das geht so seit Jahren, und du hoffst immer auf morgen.

Eines Tages wirst du einsehen, daß nichts passieren wird. Dann kommt die Seelenqual. In dieser Qual scheint es nur um eines zu gehen: diesem Lebenskreis irgendwie zu entgehen – durch Selbstmord; darum die steigende Selbstmordrate. Und ein unbewußter Wunsch der Menschheit nach dem Dritten Weltkrieg… „Dann bin ich nicht für meinen Selbstmord verantwortlich – es war der Weltkrieg; er hat alle umgebracht, auch mich."

Was wir Demokratie nennen, ist noch nicht Demokratie. Es ist überall noch „Mobokratie", denn die wählende Masse ist ein Mob. Sie ist noch nicht wach, noch nicht bewußt.

Das größte Problem der Menschheit ist, daß sie nichts von Meditation weiß.

Für mich ist dies das größte Problem.

Die Überbevölkerung, die Atombombe, der Hunger – nein, das sind keine grundlegenden Probleme. Die Wissenschaft kann sie leicht lösen.

Das einzig grundlegende Problem, das die Wissenschaft nicht lösen kann, ist, daß die Menschen nicht wissen, wie man meditiert.

Bedenke immer, daß die großen Verbrechen nie von einzelnen begangen werden. Es ist immer die Masse, die die großen Verbrechen begeht, denn in der Masse fühlt der einzelne nicht: „Ich bin für das, was passiert, verantwortlich." Er denkt: „Ich bin nur mit diesen Leuten zusammen."

Wenn du als einzelner etwas tust, dann mußt du dreimal darüber nachdenken, ehe du es tust. Was machst du? Ist es richtig? Erlaubt es dein Bewußtsein? Aber nein, in der Masse kannst du dich verlieren. Niemand wird je herausfinden, daß du auch dabeiwarst.

Jetzt ist ein Punkt erreicht, wo du dich entweder ändern mußt, wo du dein altes Erbe, das dich zersplittert, abwirfst und du heil und ganz wirst, oder wo du dich auf den globalen Selbstmord einstellst. Denn man kann nur ein gewisses Maß an Qual ertragen, und jetzt wird es unerträglich.

Gegen Ende dieses Jahrhunderts erreichen wir den Punkt, wo es absolut unerträglich wird.

Und dann gibt es nur zwei Möglichkeiten: Selbstmord oder Sannyas.

Und unter Sannyas verstehe ich, daß du dich in deiner Gesamtheit akzeptierst.
Du vermeidest keine Seite an dir, verbirgst nichts mehr im Dunkeln.

Du bringst dich ans Licht und betrachtest dich mit den Augen eines Freundes – denn es ist deine Energie und es ist die Energie, an der du arbeiten mußt. Wenn du ihr als Freund begegnest, kommt sie auch zu dir als Freund.

Sich selbst zum Freund zu werden, gehört zum Größten, was einem Menschen im Leben passieren kann.

Jesus sagt: „Liebe deine Feinde, wie du dich selbst liebst." Aber er vergißt völlig, daß niemand sich selbst liebt – wie kann man dann den Feind lieben?

Und er sagt etwas, das noch schwieriger ist: „Liebe deinen Nachbarn wie dich selbst." Das ist noch schwieriger. Den Feind kannst du lieben, denn er ist weit fort, aber den Nachbarn, der gerade an deine Tür hämmert – wie kannst du den Nachbarn lieben? Und wie dich selbst?

Ich sage, mache nicht diesen Fehler, denn du liebst dich nicht. Wenn du dem Nachbarn antust, was du dir selbst antust, bringst du ihn um! Denn du hast auch dich umgebracht.

Du lebst ein posthumes Leben.

Ich bitte dich, tu das nicht deinem Nachbarn an, und tu es niemals deinem Feind an. Was hat er dir getan? Warum bist du so häßlich zu ihm? Es ist natürlich dein Geburtsrecht, dir anzutun, was du willst, aber es ist nicht dein Geburtsrecht, dasselbe deinem Nachbarn oder Feind anzutun.

Nein, ich möchte dir sagen, daß du dich nie geliebt hast. Vergiß den Feind, vergiß den Nachbarn. Zuerst einmal liebe dich selbst.

Ich möchte, daß du zuerst selbst aufblühst. Ja, es sieht selbstsüchtig aus. Gegen diesen Anschein von Selbstsucht habe ich nichts einzuwenden. Ich bin damit einverstanden.

Ist denn die Rose selbstsüchtig, wenn sie blüht? Ist der Lotos selbstsüchtig, wenn er blüht? Ist die Sonne selbstsüchtig, wenn sie scheint? Warum solltest du dir also wegen Selbstsucht Gedanken machen?

Du wurdest geboren. Die Geburt ist nur eine Gelegenheit, nur ein Anfang, nicht das Ende. Du sollst aufblühen.

Deine erste und wichtigste Verantwortung ist aufzublühen, völlig bewußt, wach, aufmerksam zu werden, und mit diesem Bewußtsein kannst du dann erkennen, was du mit anderen teilen kannst, wie du Probleme lösen kannst.

Eines weiß ich mit Sicherheit: Wenn du aufgeblüht bist, wirst du es mit anderen teilen. Du kannst es nicht vermeiden.

Wenn sich die Blume öffnet, kann sie ihren Duft nicht für sich behalten, ihn nicht einschließen. Der Duft entweicht. Er strömt in alle Richtungen.

Sei also zuerst selbst erfüllt, sei zufrieden. Gelange zuerst zu deinem eigenen Sein. Dann verströmt dein Sein einen Duft, der viele erreichen wird. Es ist keine Dienstleistung, es ist einfach ein reines, freudiges Teilen. Und es gibt keine größere Freude, als deine Freude zu teilen.

Bringe deine guten und schlechten Seiten zusammen, schaffe keine Kluft – werde ganz.

Und wenn du ganz bist, siehst du, daß es außerhalb keinen Gott und keinen Teufel gibt. Es waren nur Projektionen deiner inneren Spaltung.

Dann siehst du auch außen eine Ganzheit, eine großartige Einheit zwischen Dunkelheit und Licht, wie sie Hand in Hand zusammenspielen. Nichts arbeitet gegeneinander. Alles ergänzt sich.

Was du gut und was du schlecht nennst, sind Ergänzungen. Sie können nicht getrennt existieren, sie können nur zusammen existieren.

Du mußt selbst zu einem Ganzen werden, damit du das Universum in seiner Totalität erkennen kannst, in seinem Zusammenspiel.

Macht brauchst du nur, um Schaden anzurichten.

Sonst ist Liebe genug, ist Mitgefühl genug.

Es braucht keinen Krieg zu geben, es braucht keine Armut zu geben. Wir haben genug Geld, genug Mittel, aber siebzig Prozent aller Mittel der ganzen Welt werden für den Krieg ausgegeben.

Wenn man verhindert, daß diese siebzig Prozent für den Tod der Menschheit ausgegeben werden, braucht niemand weniger reich zu sein. Alle Armen können auf einen höheren Lebensstandard gebracht werden.

Die Vorstellung, die Marx, Lenin, Stalin, Mao hatten, ihre ganze Philosophie, läuft darauf hinaus, die Reichen auf den Standard der Armen herunterzubringen. Sie nennen das Kommunismus. Ich nenne es Dummheit.

Es ist meine Vorstellung, den Lebensstandard der Armen immer weiter zu verbessern und sie auf den Standard der Reichsten zu bringen.

Es braucht keine Armut zu geben.

Auch ich möchte eine klassenlose Gesellschaft, aber sie wird nur aus Reichen bestehen.

Der Mensch kann ein ungeheuer reiches, glückliches, ekstatisches Leben führen, aber zuerst muß er akzeptieren, daß er die Verantwortung dafür selbst trägt.

Alle Religionen haben dir beigebracht, deine Verantwortung abzugeben, sie auf Gott abzuschieben – und dabei gibt es gar keinen Gott.

Ich möchte dich zu deinem eigenen Schöpfer machen. Du mußt deine kreative Energie entfalten. Und das ist nur möglich, wenn dieser Gott – der nichts anderes ist als Godot – absolut aus deiner Vorstellung vom Leben verschwindet.

Ja, anfangs fühlst du dich sehr leer, denn du hattest Gott in dir viel Platz eingeräumt. Seit Millionen von Jahren war er da. Der heilige Schrein in deinem Herzen war voll von der Vorstellung von Gott. Wenn du das nun plötzlich hinauswirfst, fühlst du dich leer, voll Angst, verloren. Aber es ist gut, sich leer zu fühlen. Es ist gut, Angst zu haben. Es ist gut, sich verloren zu fühlen, denn das ist die Wirklichkeit, und was du vorher gefühlt hast, war nur Einbildung. Einbildung kann nicht viel helfen. Sie kann dir ein wenig Trost spenden, aber Trost ist nichts Gutes.

Was du brauchst, ist Transformation, nicht Trost. All diese Krankheiten, die du mit dir herumgetragen hast, müssen behandelt werden. Trost brauchst du keinen.

Journalisten suchen ständig nach Sensationen. Ihr ganzes Geschäft beruht auf Sensationen. Sie beuten die niedrigsten Instinkte der Menschheit aus.

Es gibt eine alte Definition des Philosophen: „Ein Philosoph ist ein Blinder in einem dunklen Haus ohne Licht, der in einer dunklen Nacht nach einer schwarzen Katze sucht, die nicht da ist." Das ist eine alte Definition des Philosophen.

Laß mich noch etwas hinzufügen:

der Journalist ist derjenige, der die Katze findet.

Und das wird dann zur Schlagzeile.

Ich gebe dir pausenlos die richtige Antwort auf die falsche Frage, aber ich kann nichts anderes tun. Ich sehe ein, daß du die richtige Frage nicht stellen kannst. Und ich kann dir keine falsche Antwort geben.
Was kann man da machen? Und so geht es immer weiter.

Du stellst immer wieder die falsche Frage. Aber ich interessiere mich nicht besonders für deine Frage. Ich antworte, was ich antworten will. Deine Frage ist nur ein Vorwand.

Du bist ein harmonisches Ganzes. Alles ist miteinander verflochten. Du kannst nicht einen Teil bereichern und einen anderen Teil verkümmern lassen. Es ist immer das Ganze betroffen; das Ganze wird entweder arm oder reich. Du mußt deine Ganzheit akzeptieren.

Lebe also, und lebe intensiv. Laß die Fackel deines Lebens von beiden Seiten gleichzeitig brennen. Nur ein solcher Mensch ist imstande, in Glückseligkeit zu sterben, mit einem Lächeln.

Und an der Schwelle des Todes zu lächeln,

ist nur möglich, wenn hinter dir keine lange Reihe ungelebter Augenblicke steht, die an dir zerren und dich fragen: „Und was ist mit uns?" All diese unerledigten Augenblicke...

Aber wenn nichts unerledigt ist, wenn du jeden Augenblick völlig ausgeschöpft hast, dann bleibt nichts übrig – nur Stille.

Und wenn jeder Augenblick abgeschlossen ist, dann gibt es auch nichts in der Zukunft, denn nur der unerledigte Augenblick verlangt nach morgen: Wenn du ihn gestern nicht ausschöpfen konntest, dann schöpfe ihn morgen aus.

Aber wenn das Gestern nicht unerledigt geblieben ist, dann gibt es keine Projektion auf das Morgen. Dann gibt es nur den gegenwärtigen Augenblick.

Ich lebe, ohne an die Vergangenheit zu denken, ohne an die Zukunft zu denken. Und ich habe entdeckt, daß das die einzige Möglichkeit ist zu leben.

Sonst tust du nur so, als ob du lebst; du lebst nicht wirklich.

Du hoffst zu leben, aber du lebst nicht.

Du erinnerst dich, daß du gelebt hast, aber du hast nicht gelebt.

Entweder ist es Erinnerung oder es ist Einbildung, aber es ist nicht die Wirklichkeit.

Das Dasein kennt nur eine Zeit, das ist die Gegenwart. Die Sprache schafft drei Zeitstufen und sie schafft dreitausend Verspannungen in deinem Kopf.

Das Dasein kennt nur eine Zeit, und das ist die Gegenwart, und sie ist alles andere als verspannt, sie ist völlig entspannt.

Wenn du ganz hier bist – kein Gestern, das dich zurückzerrt, kein Morgen, das dich irgendwo anders hinzieht, dann bist du entspannt.

Für mich bedeutet Meditation, im Augenblick zu sein, völlig im Augenblick zu sein. Und dann ist dieser Augenblick so wunderbar, so duftend, so frisch. Er wird nie alt. Er geht nirgendwo hin.

Die Wahrheit
ist eine Offenbarung.
Sie ist bereits da.
Du brauchst sie nicht
erst zu erfinden,
du mußt sie nur
entdecken.

Das größte Bedürfnis des Menschen ist, gebraucht zu werden. Sonst fühlt er sich verunsichert. Die Bäume, die Wolken, die Sonne, der Mond, die Sterne, die Berge – nichts scheint dir Beachtung zu schenken.

Das ganze Dasein scheint gleichgültig. Ob du existierst oder nicht, keinen kümmert es. Dein Verstand fühlt sich durch diesen Umstand sehr verunsichert.

Und hier mischt die Religion sich ein, die sogenannte Religion.

Die echte Religion versucht auf jede nur mögliche Art, dir zu helfen, diese Abhängigkeit aufzugeben, damit du einsiehst, daß niemand dich braucht, daß du einer Fiktion nachläufst, wenn du danach verlangst.

Es gibt Dinge, mit denen ein Mensch alleingelassen werden muß; nur dann kann er etwas herausfinden. Wenn du versuchst, ihm zu helfen, verkrüppelst du ihn.

Zwinge niemandem deine Hilfe auf, solange er es allein schafft. Zwinge niemanden, etwas mit deinen Augen zu sehen, wenn er selbst Augen hat.

Zumindest setze ihm bitte nicht deine Brille auf – eure Sehstärke ist unterschiedlich. Du machst diesen Menschen blind.

Der religiöse Mensch kennt keine Besessenheit.

Sein Leben ist einfach, natürlich, spontan, von Augenblick zu Augenblick. Er will keine großen Ideen in die Welt setzen. Er will der Menschheit keine großartigen Ideologien aufdrängen.

In tiefer Stille gibt es kein Mein und Dein.

Das Leben ist einfach Leben; es ist ein einziger Strom.

Wir sind durch unsichtbare Fäden verbunden. Wenn ich dich verletze, verletze ich mich. Wenn ich mich verletze, verletze ich euch alle.

Das Leben ist ein Fließen, eine Bewegung, ein Kontinuum. Daran ist nichts verkehrt. Genieße den Augenblick, der kommt und geht.

Trinke daraus, soviel du kannst, denn er ist flüchtig – darum verschwende keine Zeit mit Nachdenken. Denke nicht darüber nach, wie flüchtig er ist. Mache dir keine Sorgen um das, was morgen passiert, ob alles noch so ist oder nicht, und denke nicht an gestern.

Presse den ganzen Saft heraus, solange der Augenblick da ist; trinke ihn bis zur Neige.

Wen kümmert es dann, ob er vergeht oder bleibt? Solange er bleibt, trinken wir ihn.

Wenn er vergeht, auch gut! Dann trinken wir eben einen anderen Augenblick.

Nur die ungelebte Vergangenheit wird zu deiner psychologischen Bürde.

Laß es mich wiederholen: die ungelebte Vergangenheit, diese Augenblicke, die du hättest leben können, aber nicht gelebt hast, diese Liebesaffären, die sich hätten entwickeln können, die du aber versäumt hast... die Lieder, die du hättest singen können – aber du warst mit dummem Zeug beschäftigt und hast das Lied versäumt.

Es ist die ungelebte Vergangenheit, die zu deiner psychologischen Bürde wird; und mit jedem Tag wird sie schwerer.

Darum sind alte Leute so gereizt. Es ist nicht ihre Schuld. Sie wissen nicht, warum sie so gereizt sind, warum sie sich über alles und jedes aufregen, warum sie ständig so verärgert sind, warum sie niemanden glücklich sein lassen können, warum sie nicht mitansehen können, wie die Kinder singen, tanzen, herumspringen und sich freuen; warum sie wollen, daß alle ruhig sind – was ist mit ihnen passiert?

Es ist ein einfaches psychologisches Phänomen: dieses ganze ungelebte Leben.

Wenn ein alter Mensch ein Kind tanzen

sieht, tut es seinem inneren Kind weh. Man hat sein inneres Kind irgendwie am Tanzen gehindert – vielleicht seine Eltern, die Erwachsenen. Vielleicht hat er es sich selbst nicht erlaubt, denn das wurde belohnt, honoriert. Er wurde den Nachbarn vorgeführt: „Schaut euch dieses Kind an, wie leise, wie still, wie ruhig es ist. Es stört nie, es ist immer brav." Damit wurde sein Ego befriedigt.

Der alte Mensch hat es verpaßt. Jetzt kann er es nicht ertragen. Er kann dieses Kind nicht dulden. In Wahrheit ist es seine eigene ungelebte Kindheit, die jetzt anfängt zu schmerzen. Sie hat eine Wunde hinterlassen.

Und wie viele Wunden trägst du mit dir herum? Tausende von Wunden stehen Schlange, denn wieviel ist ungelebt geblieben?

Wenn du einem Freund begegnest, begegne ihm wirklich. Wer weiß, vielleicht triffst du ihn nie mehr wieder. Dann bereust du es. Dann verfolgt dich die unerledigte Vergangenheit. Du wolltest ihm etwas sagen, und du konntest es nicht sagen.

Es gibt Leute, die jemandem sagen wollen: „Ich liebe dich." Sie warten jahrelang und sagen es nicht. Und eines Tages stirbt vielleicht der Betreffende, und dann weinen und schluchzen sie und sagen: „Ich wollte diesem Menschen sagen, daß ich ihn liebe, aber nicht einmal das konnte ich ihm sagen."

Ich lehre dich, aus dem vollen zu leben, ekstatisch, auf jede nur mögliche Art. Schöpfe deine Möglichkeiten voll aus, auf körperlicher Ebene, auf geistiger Ebene, auf spiritueller Ebene.

Schöpfe aus jedem Augenblick alle Freuden, alles erdenkliche Glück, damit du später nicht bereust: „Dieser Augenblick ging vorüber, und ich habe ihn versäumt."

Nur wenige Menschen leben.

Neunundneunzigkommaneun Prozent der Menschen begehen nur einen langsamen Selbstmord.

Aus einem einzigen Samenkorn können Millionen Samenkörner kommen.

Siehst du die Fülle und den Überfluß des Daseins? Ein einziges Samenkorn kann die ganze Erde grün machen, ja, das ganze Universum – und erst recht die Erde!

Ein einziges Samenkorn – welch ein Potential liegt in einem einzigen kleinen Samenkorn! Aber du kannst es im Tresor lassen, auf deinem Bankkonto, und ein Leben leben, das gar kein Leben ist.

Achte auf deine Träume.

Der Traum zeigt dir, was du in der Wirklichkeit versäumst. Wenn ein Mensch in der Wirklichkeit lebt, verschwinden seine Träume. Er hat nichts mehr zu träumen. Wenn er schlafen geht, ist er mit seiner Tagesarbeit fertig. Er hat alles beendet; nichts bleibt offen, was im Traum auftauchen könnte.

Nach dem Tode gibt es kein Leben, so wie du das Leben kennst.

Und wenn es danach überhaupt ein Leben gibt, dann mußt du jetzt lernen zu leben. Du mußt so total und so intensiv leben, daß du fähig bist, auch das Leben nach dem Tod zu leben – falls es eins gibt.

Und falls es keins gibt, stellt sich die Frage nicht.

Das Gestern kann man nicht leben; höchstens in der Einbildung, aber dann ist es nicht wirklich. Es ist tot. Man kann es nicht wieder zum Leben erwecken. Man kann die Zeit nicht zurückdrehen. Was vorbei ist, ist für immer vobei.

Das Morgen ist nicht da, und es wird nie da sein. Es kommt nie; das liegt in seiner Natur. Es ist immer unterwegs, immer und immer unterwegs... aber es kommt nie an. Es ist nur eine Hoffnung, die sich nie erfüllt.

Sei intelligent! Dann wird dir die Liebe sämtliche Farben des Regenbogens bescheren, und du wirst durch viele Menschen Erfüllung finden, auf vielerlei Art.

Eine bestimmte Frau berührt eine ganz bestimmte Seite deines Wesens, doch andere Seiten bleiben unbefriedigt, unerfüllt.

Ein bestimmter Mann kann eine ganz bestimmte Seite deines Herzens berühren, aber andere Seiten werden dafür unentwickelt bleiben. Wenn du dich festklammerst, wird eine Seite von dir überdimensional, während andere Seiten schrumpfen.

Konzentriere deine ganze Energie auf das Hier-und-Jetzt. Laß sie total und mit aller Intensität in diesen Augenblick einströmen.

In einem solchen Augenblick spürst du das Leben. Für mich ist das Leben gleichbedeutend mit Gott.

Es gibt keinen anderen Gott
als dieses Leben.

Glück braucht keinen Anlaß. Unglück braucht einen Anlaß. Glück ist der natürliche Zustand. Dich zu freuen, ist deine Natur.

Zum Traurigsein brauchst du einen Grund, aber um einfach glücklich zu sein, braucht man keinen Grund. Glück allein ist genug. Es ist eine so wunderbare Erfahrung, was braucht man mehr? Warum sollte man dafür einen Anlaß brauchen? Glück allein ist genug; es liegt in sich selbst begründet.

Wenn du ein Lied erschaffst, wenn du Musik erschaffst, wenn du einen Garten erschaffst, bist du religiös.

Es ist Dummheit, in die Kirche zu gehen, aber einen Garten zu erschaffen, ist ganz und gar religiös.

Das Leben kennt keine Widersprüche. Alle Widersprüche sind Ergänzungen.

So wie Tag und Nacht sich ergänzen, ergänzen sich Leben und Tod.

Die Tatsache des Todes kannst du nicht leugnen.

In jedem Land sieht man, daß die Friedhöfe außerhalb der Stadt liegen. Sie sollten eigentlich genau mitten in der Stadt liegen, damit jeder, der vorbeigeht, immer wieder an den Tod erinnert wird – denn der Tod ist das einzig Sichere.

Alles andere ist nur wahrscheinlich – vielleicht passiert es, vielleicht auch nicht – aber der Tod ist keine Wahrscheinlichkeit.

Der Tod ist das einzig Sichere in deinem ganzen Leben.

Was auch immer passiert – der Tod wird kommen. Du kannst ihm nicht entgehen. Du kannst nicht vor ihm weglaufen.

Der Tod begegnet dir, wo immer du hingehst.

Ab einem bestimmten Alter sollte jeder Mensch die Freiheit haben, ein medizinisches Gremium darum zu bitten, ihn von seinem Körper zu befreien. Er hat jedes Recht dazu, wenn er sein Leben beenden will, denn er hat lange genug gelebt. Er hat alles getan, was er wollte. Und jetzt möchte er nicht an Krebs oder Tuberkulose sterben; er wünscht sich einfach einen entspannten Tod.

In jedem Krankenhaus sollte es eine Spezialabteilung geben, mit speziellem Personal, wo die Menschen hingehen können, um sich zu entspannen, und wo man ihnen hilft, einen schönen Tod zu sterben, ohne Krankheit und mit jeder ärztlichen Unterstützung.

Wenn du dich total an diesem Leben freuen kannst, dann ist es dir egal, was nach dem Tod passiert – denn jetzt passiert so vieles, daß du dir nicht vorstellen kannst, daß noch mehr möglich ist.

Ich behaupte, es gibt kein wichtigeres Ereignis im Leben als den Tod. Ich sage das, nicht weil ich selbst gestorben und wieder zurückgekommen bin, um euch davon zu berichten, sondern weil ich weiß, daß man in der Meditation den gleichen Zustand erreicht wie im Tod.

In Meditation bist du nicht mehr deine Physiologie, nicht mehr deine Biologie, nicht mehr deine Chemie, nicht mehr deine Psychologie – all das läßt du weit hinter dir.

Du erreichst dein innerstes Zentrum – wo es nur reines Bewußtsein gibt. Dieses reine Bewußtsein wird bei dir bleiben, wenn du stirbst, denn es kann nicht weggenommen werden. Alle anderen Dinge, die man dir wegnehmen kann, räumen wir durch die Meditation selbst fort.

Meditation ist also die Erfahrung des Todes im Leben.

Und sie ist so schön, so unbeschreiblich schön, daß man nur eines über den Tod sagen kann: Es muß dieselbe Erfahrung sein, nur millionenfach verstärkt.

Wir kommen und gehen. Das Dasein bleibt, wie es ist. Es ist nicht so, daß die Zeit vergeht; *wir* kommen und gehen. Aber wir unterliegen einem Trugschluß: Anstatt zu erkennen, daß *wir* vergehen, haben wir eine große Erfindung gemacht – die Uhrzeit, die weitergeht.

Stell dir vor, es gäbe auf der Erde keine Menschen. Würde dann Zeit vergehen? Alles ist da; das Meer kommt an den Strand, seine Wellen schlagen gegen die Felsen. Die Sonne geht auf, die Sonne geht unter, aber es gibt keinen Morgen, keinen Abend.

Es gibt keine Zeit als solche. Der Zeitbegriff ist eine Erfindung des Verstandes, und grundsätzlich kann Zeit nur durch Gestern und Morgen bestehen; der gegenwärtige Augenblick gehört nicht der Zeit an.

Wenn du einfach hier bist, einfach jetzt, dann gibt es keine Zeit.

Warum willst du darauf bestehen, daß dieser Augenblick von Dauer sein soll?

Woher willst du wissen, daß keine besseren Augenblicke nachkommen? Noch vor einem Augenblick hast du nicht an den jetzigen Augenblick gedacht. Und wer weiß: wenn dieser vorbeigeht, ist vielleicht schon etwas Besseres auf dem Weg.

Es ist tatsächlich auf dem Weg, denn wenn du völlig im gegenwärtigen Augenblick aufgegangen bist, hast du etwas ungeheuer Wichtiges gelernt. Das wirst du dann auf den nächsten Augenblick anwenden.

Mit jedem Augenblick wächst deine Reife.

Mit jedem Augenblick kommst du mehr in dein Zentrum, lebst du immer mehr im Augenblick, wirst du immer bewußter, immer wacher, wirst du immer fähiger zu leben.

Viele meiner Aussagen scheinen zu meinen früheren Aussagen im Widerspruch zu stehen.

Mach dir keine Gedanken. Was ich jetzt sage, ist richtig; und was ich morgen sage, ist noch richtiger. Der letzte Satz, den ich auf meinem Sterbebett sage, wird absolut richtig sein – vorher kannst du nichts entscheiden.

Ich lebe und bin frei von den Fesseln der Vergangenheit.

Das Leben geht seine eigenen Wege.
Wenn du alles lenken willst, verdirbst du es.
Laß dem Leben seine Freiheit.

Die Welt besteht aus Verben, nicht aus Substantiven. Substantive sind eine Erfindung des Menschen – nötig zwar, aber doch nur eine menschliche Erfindung. Das Dasein aber besteht aus Verben, nur aus Verben, nicht aus Hauptwörtern oder Fürwörtern.

Achte einmal darauf. Du siehst eine Blume, eine Rose. Sie eine „Blüte" zu nennen, ist nicht richtig, denn sie hat nicht aufgehört zu blühen. Sie ist „Blühen" – es ist ein Verb, es ist ein Fließen. Wenn du sie „Blüte" nennst, hast du sie zum Hauptwort gemacht.

Oder du siehst den Fluß. Du nennst ihn „Fluß" – du hast ihn zum Hauptwort gemacht. Er ist ein „Fließen". Es wird dem Dasein mehr gerecht, wenn du sagst, daß es ein Fließen, ein Strömen ist.

Und alles ist veränderlich, fließend. Aus dem Kind wird ein junger Mann; der junge Mann wird alt; das Leben geht in den Tod über; der Tod wird wieder zum Leben.

Alles ist eine Kontinuität, ein ständiger Wechsel; es ist ein Kontinuum. Nichts kommt je zum Stillstand, zum Endpunkt. Das gibt es nur in der Sprache.

Im Dasein gibt es keinen Endpunkt.

Der bewußte Mensch ist nicht vorhersagbar, denn er reagiert nie.

Man kann nicht im voraus wissen, was er tun wird.

Er ist in jedem Augenblick neu.

Vielleicht hat er sich in einem bestimmten Augenblick auf eine bestimmte Weise verhalten. Im nächsten Augenblick wird er sich möglicherweise anders verhalten, denn im nächsten Augenblick hat sich alles verändert.

Das Leben ändert sich in jeder Sekunde. Es ist ein fließender Strom. Nichts ist statisch, außer den Reaktionen, die aus deiner Unbewußtheit kommen; sie sind statisch.

Liebe ist eine veränderliche Beziehung; sie ist nichts Beständiges. Deshalb ist die Ehe entstanden.

Die Ehe ist der Tod der Liebe.

Eigentlich mißtraut fast jeder Ehemann seiner Frau, und jede Ehefrau mißtraut ihrem Mann. Das Phänomen der Ehe besteht gerade deshalb, weil du kein Vertrauen hast. Darum mußt du das Gesetz einschalten. Sonst hätte Liebe genügt.

Aber niemand vertraut auf die Liebe, und es gibt Gründe, ihr nicht zu trauen. Eine echte Rose blüht, verströmt ihren Duft und stirbt. Nur eine Plastikrose wird nicht geboren und stirbt nie.

Eines Tages entsteht Liebe; sie blüht auf und gedeiht, aber es ist nicht auf ewig. Sie verwelkt, sie verschwindet, sie stirbt. Du kannst nicht auf sie vertrauen. Statt der Liebe mußt du das Gesetz zwischen euch stellen. Das Gesetz ist aus Plastik. So ist auch die Ehe: zu Plastik gewordene Liebe.

Wahre Liebende verstehen das: Da war etwas ungeheuer Schönes, es brachte ihnen Erfüllung, es führte sie in eine andere Dimension, aber jetzt ist es vorbei.

Wahre Liebende werden einander dankbar sein; sie werden sich nicht streiten.

Sie haben sich einige Augenblicke

der Ewigkeit geschenkt. Sie behalten diese Augenblicke in Erinnerung, aber sie fühlen keinen Groll und gehen als Freunde auseinander, in unendlicher Dankbarkeit.

Warum willst du dich auf *eine* Liebe beschränken? Warum zwingst du dich, auf *eine* Liebe beschränkt zu sein? Die Natur hat das nicht vorgesehen.

Die Natur möchte, daß du die Liebe auf so vielerlei Art erfährst, wie nur möglich. Denn was du durch *eine* Frau kennenlernst, kannst du durch keine andere Frau kennenlernen.

Was du durch *einen* Mann kennenlernen und erfahren kannst, kannst du mit keinem anderen Mann erfahren.

Jede Liebe ist einmalig, ohne Wettbewerb. ohne Streit.

Meine ganze Arbeit besteht darin, zu zerstören – alle Lügen, die dich umgeben, zu zerstören und sie durch nichts anderes zu ersetzen, sondern dich völlig nackt in deinem Alleinsein zurückzulassen.

Für mich bist du nur in deinem Alleinsein fähig, die Wahrheit zu erfahren – denn du bist die Wahrheit.

Einsamkeit heißt,
den anderen vermissen.
Alleinsein heißt,
dich selbst finden.

In diesem Leben ist alles vergänglich. Daß alles vergänglich ist, ist in meinen Augen nicht verkehrt. Im Gegenteil: gerade weil es so vergänglich ist, ist es so aufregend, so ekstatisch.

Mache es beständig und du tötest es.

Der Mensch, der in sein Geld vernarrt ist, kann es nicht benutzen.

In Wirklichkeit macht er das Geld und seinen eigentlichen Zweck zunichte. In jeder Sprache, in allen Sprachen der Welt wird Geld auch „currency" genannt. Das hat seine Bedeutung.

Geld muß fließen, strömen wie ein Fluß, es muß schnell umlaufen. Je schneller es in Umlauf gebracht wird, um so reicher ist die Gesellschaft.

Der Geizige ist in Wirklichkeit gegen Geld. Er macht seinen Zweck zunichte, denn er verhindert, daß es strömt.

Glück hat immer eine Ursache: Du erhältst den Nobelpreis, und du bist glücklich. Du bekommst eine Belohnung, und du bist glücklich. Du landest auf dem ersten Platz, und du bist glücklich.

Die Ursache liegt außerhalb – dein Glück hängt von anderen ab.

Glückseligkeit ist etwas völlig anderes. Sie ist nicht von anderen abhängig. Es ist die Freude, etwas zu schaffen. Ob jemand dir dafür Anerkennung zollt oder nicht, ist völlig unwichtig. Du hattest Freude am Schaffen – das ist genug, mehr als genug.

Wenn jemand die höchste Sprosse der Leiter erklommen hat, wird ihm bewußt, daß er sein ganzes Leben vergeudet hat. Er ist angekommen, aber wo? Er hat den Platz erreicht, um den er gekämpft hatte – und es war kein leichter Kampf, es war ein erbittertes Ringen. Und dabei hat er so viele Leute besiegt, so viele Leute als Mittel zum Zweck benutzt, so viele Leute niedergetrampelt.

Du hast die höchste Sprosse der Leiter erreicht, aber was hast du damit gewonnen? Du hast lediglich dein ganzes Leben damit vergeudet. Um sich das jetzt einzugestehen, braucht man ungeheuren Mut. Es ist besser, einfach weiter zu lächeln und die Illusion aufrechtzuerhalten: wenigstens die anderen sollen glauben, daß du großartig bist.

Das Außergewöhnlichste im Dasein ist, gewöhnlich zu sein.

Alle wollen außergewöhnlich sein; das ist sehr gewöhnlich.

Aber ganz gewöhnlich zu sein und sich in diesem Gewöhnlichsein zu entspannen, ist wunderbar ungewöhnlich.

Niemand kann die Glückseligkeit eines Menschen zerstören, der sein Gewöhnlichsein nicht grollend und murrend akzeptiert, sondern voller Freude – weil nämlich das ganze Dasein freudig ist. Niemand kann seine Glückseligkeit stehlen, niemand kann sie ihm fortnehmen.

Dann bist du voller Glückseligkeit, wo immer du bist.

Jeder Mensch ist so einzigartig, daß er niemandem gleicht.

Das bedeutet nicht, daß er höher oder niedriger steht. Es heißt ganz einfach, daß jeder einzigartig ist. Und es ist keine Frage des Vergleichens; es erhebt sich kein Vergleich.

Die Rose ist herrlich in ihrem Sein als Rose. Der Lotos ist herrlich in seinem Sein als Lotos. Die Grasblume ist herrlich in ihrem Sein als Grasblume.

Du kannst keinen Weg gehen, den andere für dich bereitet haben.

Du mußt selbst gehen und durch dieses Gehen deine eigene Straße schaffen.

Es ist nicht so, daß dir fertige Straßen zur Verfügung stehen und du ihnen einfach nur folgen mußt – nein. Du mußt die Straße durch dein Gehen schaffen; indem du gehst, schaffst du die Straße. Und vergiß nicht: sie ist nur für dich allein und sonst niemanden.

Es ist genauso, wie der Flug der Vögel für die nachfolgenden Vögel keine Spur hinterläßt. Der Himmel bleibt so leer, wie er war. Jeder Vogel kann dort fliegen, aber er muß sich selbst den Weg bahnen.

Alleinzusein ist so schön.

Weil sich niemand einmischt, niemand auf dir herumtrampelt, kannst du ganz du selbst sein, und du kannst auch die anderen sie selbst sein lassen.

Akzeptiere dein Alleinsein.

Akzeptiere deine Unwissenheit.

Akzeptiere deine Verantwortung und sieh dann, wie das Wunder geschieht.

Eines Tages siehst du dich in einem völlig neuen Licht, wie du dich noch nie vorher gesehen hast.

Das ist der Tag deiner wahren Geburt.

Der integrierte Mensch genügt sich selbst. Er ist ganz.

Und für mich macht ihn das heilig – weil er heil und ganz ist.

Er ist so erfüllt, daß er psychologisch von keiner Vaterfigur abhängig ist, von keinem Gott, der irgendwo im Himmel für ihn sorgt.

Er ist so glückselig im Augenblick, daß du ihm keine Angst vor dem Morgen einflößen kannst. Für den intergrierten Menschen gibt es kein Morgen. Es gibt nur den gegenwärtigen Augenblick – es gibt kein Gestern und kein Morgen.

Wenn du bewußter wirst, natürlicher, stiller, dich mit dir selbst wohler fühlst, nicht mehr kämpfst, sondern tief im Innern losläßt, dann erkennst du an dir Gewohnheiten, die sinnlos sind. Und dann ist es einfach unmöglich, damit weiterzumachen. Es ist nicht so, daß du sie aufgibst, ganz im Gegenteil.

Eines Tages merkst du plötzlich: „Was ist passiert?" Du hattest vierundzwanzig Stunden am Tag eine bestimmte Angewohnheit, und jetzt ist sie seit Tagen verschwunden. Du hast noch nicht einmal daran gedacht.

Erleuchtung bedeutet, daß du plötzlich voller Licht bist.

Ja, es ist ein Blitz, ohne Ursache – nicht außen, sondern eine innere Explosion. Und mit einemmal gibt es kein Problem, keine Frage, keine Suche.

Plötzlich bist du zuhause, zum erstenmal entspannt; du gehst nirgendwohin.

Zum erstenmal bist du hier und jetzt, in diesem Augenblick.

Erleuchtung ist eine ganz einfache, eine ganz gewöhnliche Erfahrung.

Wenn ich einmal den weiten Himmel gesehen habe, dann ist etwas von diesem weiten Himmel in meinen Augen.

Wenn ich die Sterne gesehen habe, dann muß sich etwas von diesen Sternen in mir widerspiegeln.

Ich brauche mich nicht darauf zu berufen.

Wenn du genau hinsiehst und tief in dein Wesen schaust, dann findest du die Stelle, wo du dich nach und nach verloren hast und wo das Ego sich angesammelt hat.

Das ist ein Augenblick der Erleuchtung, denn wenn du einmal erkannt hast, was das Ego ist, dann ist dieses Spiel beendet.

Religion ist nichts anderes als eine Wendung um hundertachzig Grad: vom andern zu dir selbst.

Wenn du still bist, erscheint dir die Wahrheit nicht wie ein Objekt.

Wenn du still bist, erkennst du plötzlich, daß du die Wahrheit *bist*.

Es gibt nichts zu sehen.

Der Sehende ist das Gesehene, der Beobachter ist das Beobachtete.

Diese Dualität existiert nicht mehr.

Und jetzt stellen sich keine Frage mehr. Denn es gibt keinen Zweifel, es gibt keinen Glauben, es gibt keine Ideen.

Sich eines Traumes bewußt zu werden, ist der Tod des Traumes.

Es ist mit mir geschehen, deshalb ist es nicht unmöglich, daß es auch mit dir geschieht.

Ich bin ein ganz gewöhnlicher Mensch, genau wie du. Und wenn es mit diesem ganz gewöhnlichen Menschen geschehen kann, warum nicht auch mit dir?

Vielleicht mußt du von einer etwas anderen Seite darangehen, vielleicht mußt du eine etwas andere Methode anwenden.

Vielleicht brauchst du ein wenig länger, vielleicht ist es von deiner Seite des Berges ein wenig mühsamer – aber es wird geschehen!

Ich versuche, dich daran zu erinnern, daß alle Fragen verschwinden, wenn du voller Glückseligkeit bist.

Sie werden nicht beantwortet, sondern verschwinden einfach. Sie werden nicht gelöst, sondern lösen sich einfach auf.

Und wenn du dich in diesem Zustand befindest, in dem es keine Fragen gibt, keinen Zweifel, keinen Glauben – dann bist du völlig erfüllt, zufrieden. Dann kommt die Erkenntnis.

Du wirst zum Salomon.

Denke daran:
Nur was du selbst erlebst, gehört dir.

Was du weißt, nur das weißt du.

Selbst wenn es nur eine Kleinigkeit ist – sei unbesorgt. Samenkörner sind winzig, aber ein Samenkorn hat ein großes Potential. Es ist kein Ding, es ist ein Wesen, das bereit ist aufzugehen – es wartet nur auf die Gelegenheit.

Du kannst es „meditativ" nennen oder „bewußt" – das sind nur Ausdrücke. Aber die wesentliche Qualität ist absolute Stille. Nichts regt sich in dir, nichts schwankt.

Und in diesem Zustand ist Göttlichkeit.

Licht kommt und geht.

Dunkelheit besteht immer.

Wenn Licht da ist, kannst du sie nicht sehen; wenn kein Licht da ist, kannst du sie sehen. Aber sie ist immer da. Du kannst sie nicht verursachen.

Licht hat eine Ursache. Du machst Feuer, du legst Holz auf. Wenn das Holz verbrannt ist, verschwindet das Licht. Es wurde verursacht, deshalb ist es ein Effekt.

Aber Dunkelheit wird durch nichts verursacht, sie ist kein Effekt. Sie ist ungeschaffene Ewigkeit.

Nirvana ist ein sehr einfaches Phänomen. Es bedeutet einfach: „die kleine Kerze des Egos ausblasen."

Und plötzlich... Die Wirklichkeit war immer da, aber durch die Kerze des Egos konntest du sie nicht sehen. Jetzt ist die Kerze verschwunden, und die Wirklichkeit ist da. Sie war immer da. Du hattest sie nie verloren. Man kann sie nicht verlieren, selbst wenn man es versucht.

Es ist deine ureigenste Natur. Wie könntest du sie verlieren?

Nirvana ist wie Dunkelheit. Das Licht wird ausgeschaltet, und deine Wirklichkeit ist da – in ihrer ganzen Schönheit, mit all ihren Segnungen, ihrem Glück.

Am Anfang war Stille, kein Ton.
In der Mitte ist Stille.
Am Ende ist Stille.

BIOGRAFIE

Shree Rajneesh wurde am 11. Dezember 1931 in Kuchwada im zentralindischen Bundesstaat Madhya Pradesh geboren. Seit frühester Kindheit bewies er einen rebellischen, unabhängigen Geist. Er stellte alle etablierten Religionen, alle gesellschaftlichen und politischen Traditionen in Frage. Er beharrte darauf, die Wahrheit selbst zu erfahren, anstatt das Wissen und den Glauben von anderen zu übernehmen.

Im Alter von 21 Jahren, am 21. März 1953, wurde Shree Rajneesh erleuchtet. Er sagt von sich: „Ich suche nicht mehr, ich strebe nach gar nichts mehr. Die Existenz hat mir all ihre Tore geöffnet. Ich kann nicht einmal sagen, daß ich zur Existenz gehöre, denn ich bin ein Teil von ihr... Wenn eine Blume blüht, blühe ich mit ihr. Wenn die Sonne aufgeht, gehe ich mit ihr auf. Das Ego in mir, das die Menschen voneinander trennt, existiert nicht mehr. Mein Körper ist ein Teil der Natur, mein Sein ist ein Teil des Ganzen. Ich bin kein getrenntes Wesen mehr."

Er schloß sein Philosophiestudium an der Universität von Sagar mit den höchsten Auszeichnungen ab. Während seiner Studienzeit gewann er den indischen Diskussionswettbewerb und erhielt die Goldmedaille seiner Universität. Nach einer neunjährigen Universitätskarriere als Professor für Philosophie an der Universität von Jabalpur bereiste Shree Rajneesh ganz Indien als Redner, der die orthodoxen Religionsführer in öffentlichen Debatten herausforderte, indem er alle traditionellen Glaubenssysteme über den Haufen warf und den Status quo in Frage stellte.

Im Verlauf seiner Arbeit hat Shree Rajneesh praktisch über jeden Aspekt in der Entwicklung des menschlichen Bewußtseins gesprochen. Von Sigmund Freud bis Tschuang-tse, von George Gurdjieff bis Gautam Buddha, von Jesus Christus bis Rabindranath Tagore... Aus ihnen hat er das Wesentliche aus all dem herausgefiltert, was für die spirituelle Suche des heutigen Menschen von Bedeutung ist – nicht aufgrund seines intellektuellen Verstehens sondern gemessen an seiner eigenen existentiellen Erfahrung.

Er gehört keiner Tradition an. Er sagt von sich: „Ich bin der Anfang eines völlig neuen religiösen Bewußtseins. Bringt mich bitte nicht mit der Vergangenheit in Verbindung – sie ist nicht erwähnenswert."

Seine Vorträge vor Schülern und Suchern aus der ganzen Welt sind in Form von über fünfhundert Büchern veröffentlicht und in mehr als dreißig Sprachen übersetzt worden. Er sagt: „Meine Botschaft ist keine Doktrin, keine Philosophie. Meine Botschaft ist eine gewisse Alchemie, eine Wissenschaft der Transformation. Darum werden nur diejenigen zuhören, die bereit sind, so wie sie jetzt sind, zu sterben und als etwas so völlig Neues wiedergeboren zu werden, daß sie es sich absolut nicht vorstellen können. Nur diese wenigen mutigen Menschen werden bereit sein, mir zuzuhören, denn schon das Zuhören allein ist gefährlich. Wer zuhört, macht schon die ersten Schritte auf seine Neugeburt hin. Es ist also keine Philosophie, die man sich einfach überstülpt und mit der man dann angibt. Es ist keine Doktrin, die dich über quälende Fragen hinwegtröstet... Nein, meine Botschaft hat nichts mit Worten zu tun. Sie ist viel gefährlicher. Sie ist nichts anderes als Tod und Wiedergeburt."

Shree Rajneesh lebt zur Zeit in Rajneeshdham in Poona, Indien, wo er seine Transformationsarbeit fortsetzt und täglich zu rund zehntausend Schülern und Suchern spricht.

Die vorliegenden Texte sind Auszüge aus Vorträgen, die Shree Rajneesh in Rajneeshpuram, U.S.A., gehalten hat. Die vollständigen Vorträge sind in dem Buch *The Rajneesh Bible,* Band 1 und 2, enthalten.

Dies sind nur zwei von mehr als fünfhundert Büchern – Niederschriften seiner Vorträge aus den letzten zwanzig Jahren.

Weitere Informationen über seine Werke und über Bücher anderer Autoren, die sich mit Shree Rajneesh und seiner Arbeit befassen, sowie über Audio- und Videocassetten seiner Vorträge, sind über die Vertriebszentren erhältlich. Eine Adressenliste finden Sie auf der nächsten Seite.

DEUTSCHLAND

Rajneesh Verlag GmbH
Venloer Straße 5-7 · 5000 Köln 1
Tel. (0221) 574 07 43

The Rebel Publishing House GmbH
Venloer Straße 5-7 · 5000 Köln 1
Tel. (0221) 574 07 42

Uta Rajneesh Institut
Venloer Straße 5-7 · 5000 Köln 1
Tel. (0221) 574 07 30

Tao Rajneesh Zentrum
Klenzestraße 41 · 8000 München 5
Tel. (089) 201 66 57

Dörfchen Rajneesh Meditationszentrum
Dahlmannstraße 9 · 1000 Berlin 12
Tel. (030) 320 007 25

Dharmadeep Rajneesh Institut
Karolinenstraße 7-9 · 2000 Hamburg 36
Tel. (040) 43 21 40

SCHWEIZ

Mingus AG
Asylstrasse 11
8032 Zürich
Tel. (01) 252 20 12

Weitere Information über Shree Rajneesh:

Rajneeshdham Neo-Sannyas Commune
17 Koregaon Park
Poona 411 001, MS
India